使命与奉献
——嘉高教坛星光璀璨

主　编：张益民　张照荣

副主编：鲁建飞　潘新华　邢　川　沈　瑶

浙江工商大學出版社
ZHEJIANG GONGSHANG UNIVERSITY PRESS
·杭州·

图书在版编目（CIP）数据

使命与奉献：嘉高教坛星光璀璨 / 张益民，张照荣
主编；鲁建飞等副主编 . — 杭州：浙江工商大学出版
社，2022.12

ISBN 978-7-5178-5236-0

Ⅰ.①使… Ⅱ.①张… ②张… ③鲁… Ⅲ.①中学—
校友—生平事迹—嘉兴 Ⅳ.① K820.855.3

中国版本图书馆 CIP 数据核字（2022）第 229892 号

使命与奉献——嘉高教坛星光璀璨
SHIMING YU FENGXIAN —— JIAGAO JIAOTAN XINGGUANG CUICAN

主　编　张益民　张照荣　　副主编　鲁建飞　潘新华　邢　川　沈　瑶

责任编辑	王黎明
封面设计	朱嘉怡
责任校对	沈黎鹏
责任印制	包建辉
出版发行	浙江工商大学出版社
	（杭州市教工路 198 号　邮政编码 310012）
	（E-mail：zjgsupress@163.com）
	（网址：http：//www.zjgsupress.com）
	电话：0571-88904980，88831806（传真）
排　　版	杭州彩地电脑图文有限公司
印　　刷	杭州高腾印务有限公司
开　　本	710 mm × 1000 mm　1/16
印　　张	19.75
字　　数	216 千
版 印 次	2022 年 12 月第 1 版　2022 年 12 月第 1 次印刷
书　　号	ISBN 978-7-5178-5236-0
定　　价	56.00 元

嘉高文化丛书编委会

主　编　张益民　张照荣

副主编　鲁建飞　潘新华　邢　川　沈　瑶

顾　问　徐新泉

编　委　严　涛　潘建萍　张旭宁　李利荣　邵国民　姚庆傅

　　　　　马国良　朱娟英　王进峰　翟景梅　吴正奇　周国良

　　　　　袁管荣　戴飞菲　陈明林　朱　姮　王铭志　鲍尔青

　　　　　余志刚　朱兰青　张祝平　鲍周生　汪茉莉　杨兴美

序

教师是立教之本、兴教之源。"一流的教师队伍，蕴含了学校蓬勃发展的无限生机。"一所学校的精神传承，首先是这所学校的教师文化使然。教师文化是什么？教师文化是学校文化的核心部分，是教师在长期的教育实践过程中所形成的、代表教师群体共性的价值取向和职业行为特征，是一种看似无形却又持续弥久的精神力量。这种文化，对学校发展的影响就好比钢筋对建筑物的作用一样，建筑物里，看不到柱子和房梁里的钢筋，但是少了它们，再漂亮的建筑物也会轰然倒塌。

建校 25 年来，嘉兴高级中学坚持"嘉木扬长，高德归真"的教育理念，一直行走在求"真"（校训）育人的道路上，逐步形成了"爱校奉献，务实责任，科学创新，追求卓越"的嘉高精神，彰显了"文明、勤奋、求实、创新"的校风，凝练了"爱生、协作、精业、善导"的教风，凸显了"人文科学并举，中西教育兼融，自主创新成长，多元优质发展"的办学特色，这些学校精神和文化陶冶、感染、规范着每一位师生员工的职业意识、角色认同、价值取向、人格塑造、思维方式、道德情感、行为方式，激发着每一位师生员工作为学校一员的使命感、归属感和自豪感，形成了一种无形而又强烈的内聚力和群体意识。

　　教师文化的传续需要一种"陪伴"，这种教育陪伴是嘉高广大教师最美丽的教育姿态，也是广大教师教育精神的生动体现。我们将学校老领导、名优教师、骨干教师的"所思所想""所作所为"以文字形式结集，就是为了让这种"陪伴"有更好的依托。这种"陪伴"将产生巨大互助效应：有精神上的鼓励，使我们能坚定不移地投入到对事业的追寻中；有目标上的指引，确定方向、精心培养、搭建平台、推动成长，完成一个又一个突破；有技术上的指导，小到一节随堂课的循环点评、一篇文章的精心指导、一个科研问题的带头实践。

　　教师文化的传续需要一种"高度"，这种高度的增加是伴随着学校高度的不断攀升而形成的。教师文化需要一种"高度"来支撑。因为教师职业和其他职业一样，都存在着一个"职业倦怠"的问题；同时，学校发展的高度决定了教师文化的高度。不同的历史阶段，学校依据教师的现状、发展的需要不断攀升新的高度成了一种必须。嘉高创建时间虽然只有25年，但是学校的发展踏踏实实，一步一个台阶，目前稳居嘉兴市本级第二，中加课程项目和中德语言项目等国际教育项目在省内领先。伴随着学校发展高度的提升，教师对自我、对学校的认同感不断提升，对自我的要求、对未来的期许也在不断增长，在这一过程中的教师行动也需要进一步凝练为教师文化，并将它推向一个新的高度，进入一种新的境界。结集的这些文字，恰恰就是这种文化的体现。

教师文化的传续需要一种"推力"，这种推力的生成除了来自学校"一院三营"等机制，更在于教师的自主发展。教师发展的起点不一样，不同层次的教师有不同的认知和需求，让不同层次教师不断反思自己的教育教学，同时学习借鉴其他老师的成功经验，并创造性地运用到自己的工作中，将会对教师的成长产生巨大的推动作用。

记得第一次来嘉高时，我就被学校的教育教学氛围和文化所吸引。这次到嘉高工作，虽然时间不长，但常常被我们的老师所感动。嘉高老师以校为家，顶风雨，战酷暑，风雨兼程，"日出而作"而"日落还不能息"，甘为人梯，乐于奉献，静下心来教书，潜下心来育人，把对事业、对学生的爱心与责任落实到了每一件事、每一句话、每一个行动中，为了教育事业，永不言悔，永不言倦。学校就是要弘扬这样一种精神，一种热爱事业、无私奉献的精神，一种热爱学生、甘当人梯的精神，一种执着进取、不断创新的精神。有了这些精神，才能让广大学生在我们的爱心与关注下健康成长。

凝练学校精神与文化是学校发展之魂，彰显办学品位是学校发展之根，实现师生价值是学校发展之本。嘉高的校园求真精神与教师文化是一座富矿，需要深度开采和持续不断地挖掘，需要学校管理者带领全体师生用情探寻、用心提炼、用智升华，将其转化为激励师生成长的精神动力和促进学校发展的力量之源。学校将进一步重视求真精神与教师文化的培育，加强精神引领，提升师生干事创业的精气神，以细心修炼我们的严谨，以匠心提升我们的专业，以童心滋养我们的学生，以真心感化我们的家长，以静心精进我们的学术，守初心、担使命，撸起袖子加油干，让师生享受教育幸福，使学校永葆生机和活力。

愿嘉高繁荣昌盛！祝老师们拥有充实而幸福的教育人生！

嘉兴高级中学党总支书记、校长

张照荣

2022 年 10 月 10 日

目 录

嘉高教风赞

■ 徐新泉

个人简介

徐新泉，嘉兴高级中学首任党总支书记、校长，曾任嘉兴市凤桥中学副校长，嘉兴市新塍中学校长、党支部书记；先后被评为嘉兴市郊区教坛新秀、嘉兴市郊区先进工作者、嘉兴市郊区优秀党员、嘉兴市秀洲区优秀校长、嘉兴市秀洲区"十佳满意公仆"、嘉兴市秀洲区"画乡骄子"；嘉兴市优秀教育工作者，嘉兴市第三、第四、第五批新世纪专业技术带头人；浙江省名校长培养人选，浙江省劳动模范；2010年被评为全国先进工作者；嘉兴市第三、第五、第六、第七届人大代表，嘉兴市第四届政协委员，浙江省第十一届第十二届人大代表；发表或获奖论文30多篇，主编《现代中学课堂教学模式探究与实践》等11本教育教学书籍。

教风是指学校在教学思想、教学态度和教学方法等方面形成的长期的、稳定的教育教学风气。教风是一个教育群体德与才的统一性表现，是该教育群体整体素质的体现，是教师队伍在道德、才学、作风、素养、治教等方面的集中反映。教风是校风的重要组成部分，好的教风也是一个学校崇高的精神旗帜，它对学生可以起到熏陶、激励和潜移默化的教育作用；教风好可以提高学校的知名度，可以提高学校的社会声誉和社会可信度，也可以推动一个学校的持续发展。

二十多年来，嘉高在实践"嘉木扬长，高德归真"的教育教学过程中，遵循校训"真"的思想，逐步地形成了"爱生、协作、精业、善导"的教风，成为嘉高老师的教育教学风格和传统，对学校的教育教学产生着深远的影响。

嘉高老师"爱生"，爱在尽心培育"真"人

老师们坚持"高德归真"，红船精神进校园，通过求真教育在校园里播撒向上向善的种子，培根铸魂育英才；坚持规范学生的言行，言而有信，言而有礼，行之有规，不断丰富求真课程体系，开展多彩社团活动，促进学生养成良好的学习与生活习惯，建立科学有效的评价激励机制，致力促进每一个学生努力立德而立人，胸有大志而不忘初心，陶冶高尚的道德情操，继承中华优秀传统文化并发扬光大，引导每一位嘉高学子实事求是，勤奋务实，守法律、懂尊重、愿奉献，真诚真情真实会合作，脚踏实地有责任心，不作伪，不弄虚，不作假，养真道德，说真

话，办真事，做真人；致力于培育学子的"自尊、自爱、自信、自强"及"自律、自理、自立"意识和自觉，努力成为德才兼备、德智体美劳全面发展的人。现嘉高学子中，有的成为"浙江省三好学生"，有的成为"浙江省优秀学生干部"，有的成为"全国优秀中学生"，使嘉高学子的血脉中永远流淌中华民族的血液，永远牢记南湖红船旁儿女的责任，永远坚定中华文化的自信，永远把社会责任和人类文明作为永恒的担当。

嘉高老师"爱生"，爱在尽心培育"真"才

老师们坚持"嘉木扬长"，致力于以学生为中心，把重视人、理解人、尊重人、爱护人、提升和发展人的思想贯穿于教育教学的全过程、全方位，更关注学生德智体美劳的全面发展，更注重开发和挖掘学生自身的禀赋和潜能，更重视学生自身价值及其实现，更关心学生身体心理的健康，更重视学生终身运动行为的培养，使学生爱学乐学，更自觉地好学勤学，从而不断提高学生的发展能力，促进学生自身特长和潜能的发展与完善。嘉高学子的学习成绩持续优异，高考一直位列嘉兴市本级第二、嘉兴市（含五县市）前茅，北京大学等"985""211""双一流"著名高校都有嘉高学子的身影；创新教育硕果累累，学子的研究性学习成果连续十多年荣获浙江省一等奖，四十余个学生科研成果获得国家知识产权局颁发的国家专利、国家新型实用专利，学生的研究成果《来自大课堂的报告》《创意在成长》两本书由出版社出版；国际教育走在前列，在 21 世纪初开展校际国际交流的基础上，开办了嘉高中德 DSD 班、嘉高中加

班，学生从嘉高出发，走向世界；多元优质扬长发展，春有悦读文化节；夏有科技文化节，秋有体育文化节，冬有艺术文化节；几十个学生社团丰富多彩，有嘉高机器人俱乐部、嘉高秀苑文学社、嘉高义工社、嘉高汉文化社、嘉高化学社、嘉高魅影社、嘉高辩论队、嘉高篮球队、嘉高足球队、嘉高乒乓球队……学生自主学习，多元发展，硕果累累，有体育特长生被上海交通大学录取，有民乐特长生被上海音乐学院录取，有学生的长篇小说获得全国大奖，《文心秀苑》《足迹》《心语嘉高》文学社优秀作品集由出版社出版，嘉兴市高中生辩论赛获银奖，嘉兴市健美操比赛获金奖，嘉兴市乒乓球比赛获银奖，嘉高足球队、篮球队在浙江省中学生足球、篮球联赛中打入八强，浙江省中学生书法大赛获二等奖，全国青少年机器人大赛获一等奖，嘉高队在各省著名高中都参加的全国第四届模拟政协大赛中进入"全国十强"，学生社团在省、全国竞赛中频频获得大奖。

嘉高老师"爱生"，爱在尽心呵护学生健康成长

老师们不忘初心，以师爱贯穿教育过程的始终，做到"常规问题严格化，关键问题人性化，教育过程艺术化"；更是把学生的健康成长作为自己的责任，以学校的教育理念和教育追求培养着身边的一批批学子，使差生变优，优秀生更优。老师们努力做教育麦田守望者，用自己的实际行动践行在嘉高岗位上的宣言："用爱守望学生生命的健康成长"，"用爱在每一位嘉高学子血管里输入爱校爱家乡爱中华的血液"，"发

自内心的师爱是挽救受伤心灵的一剂良药，全身心地投入是教育成功的根本"，老师们所教学子的成绩名列嘉兴市本级乃至嘉兴市前茅，所带的班级高考成绩突出，学生遍及全国各个著名高校，把爱全身心地倾注在学生的健康成长之中。

嘉高老师"协作"，共育学生因为责任

老师们因育人责任而同频共振，把教育作为一种事业来追求，把自己的生命融入平凡而伟大的教育教学中。年复一年、日复一日在学校教育岗位上为国育人的嘉高老师，虽觉困难重重，但不忘初心，牢记责任，满腔热情，勤勤恳恳，任劳任怨，齐心协力，大胆探索，勇于实践，合心合力为学生的终身发展奠好基。嘉高老师同心同德对工作和学习负责，对担当的每一件事负责，对任教的每一个班级负责，对学科教学的优秀成绩负责，对自己的教育团队负责，对嘉高的学子负责，对事业和社会负责！

嘉高老师"协作"，共育学生自愿奉献

老师们在嘉高乐此不疲的同一件事，就是为了嘉高学子，早出晚归，不计名利得失，勤勉务实，履行职责，倾情付出，奉献了自己的青春岁月、才华智慧，早自修的教室有你们的指导，熄灯后的寝室有你们的提醒，课余有你们给学生辅导解疑的身影。爱人出差了，孩子又小，

家里的重担落到了你一个人身上，此时又是高考在即学生急需指导的时候，你仍像往常一样早上六点多到学校，晚上等自己孩子睡了后再到学校，了解学生，了解学情，与学生交流，疏导学生情绪。不管是炎炎烈日，还是凛凛寒风中，你放弃节假日的休息，走访学生家庭，与家长一起为学生成长操心，一切为了学生，你犹如校园红背心的志愿者——乐于奉献！

嘉高老师"协作"，共育学生合力教学

老师们甘把才华许学生，共为育人同努力。在嘉高，每一位老师都爱岗爱生，一起为托起"晨之朝阳"奉献着智慧，每一位老师都一起为培育"国之栋梁"挥洒着汗水。"教好书是为师之本，育好人是为师之德"，资源共享、信息共享成为老师们的共识，在备课组真情奉献自己的最新教学心得，在教研组真心贡献自己的最新研究成果，在班级全力配合每一门学科教学，在学生中一以贯之弘扬正能量的教育，在办公室默默承担了许许多多分内分外的工作和义务，在学校努力为嘉高学子的成长而辛勤付出！

嘉高老师"精业"，乐为学生而兢兢业业

老师们捧着一颗心来，不带半根草去，走上嘉高讲台以来，一直耕耘在教学第一线，凭着对教育事业的热爱、责任和使命感，每天兢

兢业业，自觉"朝六晚九"，哪怕是节假日也要到学校走一走、看一看、备备课、批批作业，从心底里以学生为重。你一箱方便面度过一个"五一"假期，清洗了一个教学用机房，却没人知道。你从事班主任工作许多许多年，由于热爱而执着，由于执着而形成了自己的风格。嘉高老师把教育作为一种事业来追求，把自己的生命融入平凡而伟大的教育教学工作中，不忘初心，勤勤恳恳，任劳任怨，一次次创造嘉高育人的辉煌，一次次铸就嘉高学子成长的传奇，赢得了社会的点赞！

嘉高老师"精业"，乐为学生而终身学习

老师们为了做好教育教学工作，读书逐步成为重要的事，终身学习以实现自我发展，努力从全员本科走向硕士甚至博士，自觉参加进修，知识与能力并重，使自己吸纳信息、活跃思路、改变观念、提高能力，使自己具备专业精神、专业知识、专业能力和专业智慧，更新教育理念。老师们踊跃参加嘉高与上海师范大学联合举办的两年制"课程与教学论课堂教学方向"研究生课程班，全校近五十位专任教师参加了学习，开始了在高中大面积提高教师学力水平的学习。为了可以更扎实地做好教育教学工作，老师们努力做研究型教师，根据自己学历高低、工作时间长短、教育教学经验的差异、教学科研水平层次的不同，提出自己的教育教学研究目标。青年教师"一年常规入门、两年站住讲台、三年争出成绩"，重点研究如何把自己所学的知识与教学内容和学生实际情况结合起来，掌握教学的基本方法，研究自己掌握的知识如何转化成

学生的知识，促进课堂教学水平的提高。骨干教师"积极改进课堂教学，努力形成教学个性"，把科研工作扎扎实实地集中到课堂教学，不断修正、完善自己的教育教学思想和教学方法，以形成自己独特的教学个性或风格。尤其是学科带头人和名师，对学校教育教学改革起着积极的指向作用，在教科研中重点探索学科教学新方向及课程、课堂改革新思路，积极申报引领性课题，带头开展教改实验，及时做好成果的转化和推广工作，使教科研整体水平优化，大面积提高教育教学质量。为了更有效地做好学校的教育教学工作，老师们努力做高素质专业化教师，积极参与到教师专业成长的有效平台——"六大工程"中，即师德建设强化工程、"求真"德育推进工程、书香悦读提升工程、"一院三营"培训工程、"六个一"修炼工程、"互联网＋教育"强师工程。通过分层目标、名师引领、同伴互助等方式，搭建一个平等、和谐、共同学习和共同提高的教师专业成长平台，教师在反思中提升自我，在同伴互助中发展自我，在校内外名师、专家引领下完善自我，从"教学艺术名师""教学质量名师""管理育人名师"和"教育科研名师"等发展方向中找到突破，每一位教师都争取成为最优秀的高素质专业化教师。

嘉高老师"精业"，乐为学生而创新教学

老师们一直在遵循教育规律的基础上致力于帮助全体学生德智体美劳全面提高的同时，还坚持培养学生的创造才能和特长个性，因为学生的创造才能和特长个性是最具有价值的不竭资源。因此，嘉高老师在重

视学生学习成绩的同时，坚持将"嘉木扬长"作为培养学生的教育理念，努力探索培养学生的创造才能和特长个性的教学方式，让每个学生在校园都能求真成才，都能在校园享受成功的乐趣，都能在校园发展自己的特长。老师们在嘉高成功创建了"浙江省首批高中政治学科基地学校"；老师们的众多课题在省、市立项，在嘉高的教育教学中实践，研究成果及论文获得省、市各级奖励；老师们的精彩课堂视频被选用在浙江省教研室网站，许多老师的课堂教学被评为嘉兴市"优质课"、浙江省"优质课"、教育部"优课"，以及全国中小学班主任基本功展示活动典型经验；老师们共同建设着"嘉高求真课程体系"，努力为学生提供多元化自主选择的课程空间。老师们为使学生的素养更文明，学生发展更科学，学生生命更幸福，坚持进行教学研究，促进学生更快成长！

嘉高老师"善导"，善于与学生心灵沟通

老师们笃信教育是心灵与心灵的交流，教育是火把点燃火把，教育是让学生成功。他们从最后一名学生抓起，关爱每一个学生，把每一位学生都看成自己的孩子，为学生排忧解难，悄悄给家庭困难的学生在饭卡中打款，逢年过节，经常自己掏钱给有特殊需要的学生买礼物。老师们以中华文明的人文思想滋润学生心田，努力发现学生的闪光点，解开学生迷茫的心结，引导学生认识自己，做最好的自己，倡导"一个人伟大与否，取决于他给予了别人多少帮助"。嘉高老师是学生心中的精神导师，在学生中享有极高的威望。"教育需要一种朝圣般的情怀，用进

取的精神鼓舞学生，用追求极致的态度引领学生，用母亲般的情怀感动学生，用无私的奉献去感染学生"，这就是嘉高老师，为嘉高学子的成长与成才，默默奉献着自己的心血与智慧，用"尊重教育"引领学生做人，鼓励学生奋发向上。

嘉高老师"善导"，善于对学生精准教育

老师们深知学校教学的重点在课堂，因此在教和学的过程中努力追求创造一个点燃生命活力的课堂，以创造性的教育教学方法和创新的教育教学艺术来营造课堂教学，培养学生的创新思维、创新精神、创新能力与创新人格。老师们以"三加强"为重点构建的课堂教学，充分尊重学生，发扬教学民主，以学生为中心努力让学生自主学习，培养学生的创新思维，让每个学生自由地发展潜力，充分地发展个性，愉快而热情地汲取知识和形成人格，让学生主动参与到课堂教学中来，让学生在努力自主学习中成长。为了更好推进学生参与课堂教学自主学习，老师们进一步尝试了"30+10"课时制，让学生在课堂上自主学习，从时间上提供了保障，提高了课堂教学的有效性，取得了很好的效果。随着教育改革的不断深化，为了在更高层次上培养学生的创意思维和创新能力，老师们又探索在"三加强课堂"基础上构建"三心活力课堂"，也就是课堂要"以学为中心、以疑为重心、以思为核心"，让学生在充满生命活力的课堂中得到更好的发展，打造以学生为主体的、学生学习能力得到更好发展的、学生思维能力及创造能力得到更大程度提高的课堂，更

高程度上提升课堂教学的效度！

嘉高老师"善导"，善于对学生诲人不倦

老师们为了育人成才，从细小的教育开始坚持不懈：养成保护环境从身边小事做起的习惯，以积淀自己尊重劳动的素质；养成认认真真读书、端端正正写字、规规范范作业、仔仔细细思考的习惯，以积淀自己凡事认真的素质；养成每天记日记的习惯、每天预习的习惯、每天早上准时起床的习惯、每天自觉体育锻炼的习惯、随手关灯关水龙头的习惯，以积淀自己守时、勤俭、关心集体的素质；等等。老师们细致耐心，引导学生积极主动、脚踏实地地走好每一步，被学生和家长称为"精神导师""灵魂导师"，在社会上口口相传，产生了广泛而积极的影响。老师们在教学上更是精心设计，精心教学，耐心细心，举一反三，不厌其烦，常常是披着霞光到校，披着月光回家，在课余开设了"学科门诊课"，在夜晚有"解答疑难问题值日老师"，为有需要的学生答疑解惑，一道道为学生量身定制的自编习题，一张张精心设计的练习，一遍遍耐心的解说，一次次富有寓意的引导，最终使学生们能够跳一跳摘到"桃子"。

嘉高老师在教育教学实践中积淀起来的"爱生、协作、敬业、善导"的教风，凝聚了深深的爱校爱生情结，积极实践着"嘉木扬长，高德归真"的办学理念，努力培育着"德正才优，追求卓越"的嘉高学子，极大地促进了学校办学质量的日益提高；嘉高教师不断成长，他们中有全国先进工作者、全国优秀教师，浙江省人大代表、浙江省特级教

师、浙江省优秀教师、浙江省"春蚕奖"获得者、浙江省名师名校长培养人选、浙派名师培养对象、浙江省优秀中学体育教师、浙江省民办学校优秀教师，嘉兴市劳动模范、嘉兴市新世纪专业技术带头人培养人选、嘉兴市杰出人才培养人选、嘉兴市名校长、嘉兴市名教师、嘉兴市学科带头人、嘉兴市优秀老师、嘉兴市德育工作先进个人、嘉兴市师德先进个人、嘉兴市教坛新秀，嘉兴市秀洲区优秀共产党员、嘉兴市秀洲区优秀校长、嘉兴市秀洲区优秀教师（最美教师）、嘉兴市秀洲区名教师、嘉兴市秀洲区学科带头人，以及县市区级教学能手等，荣获各种荣誉的优秀教师占专任教师的 65% 以上，可谓名师荟萃！今天的嘉高已经成为嘉兴百姓心中的优秀学校、莘莘学子迫切向往的求知学府，为社会培养了大批人才，得到了全社会的高度肯定。

2022 年 3 月 6 日

麦田里的守望者

■ 翟景梅

个人简介

翟景梅，嘉兴高级中学语文高级教师，毕业于河南大学中文系，1990 年参加教育教学工作，从事语文高中教学 31 年、班主任工作 25 年，在多年的教育教学实践中，积累了丰富的教学育人经验。发表学科和德育论文几十篇，学科和德育市级课题结题和获奖 8 项，开展市内外德育讲座几十场，主编嘉兴市

德育课程教材 2 部，作为嘉兴市两期班主任工作室领衔人培养徒弟 25 人。曾获秀洲区最美教师、嘉兴市优秀班主任、嘉兴市德育名师、嘉兴市劳动模范、浙江省首届中小学班主任工作室主持人等荣誉称号。

有那么一群小孩子在一大块麦田里做游戏。几千几万个小孩子，附近没有一个人——没有一个大人——我是说——除了我。我呢，就站在那混账的悬崖边。我的任务是在那守望，要是有哪个孩子往悬崖边奔过来，我就把他捉住——我是说孩子们都在狂奔，也不知道自己是在往哪跑，我得从什么地方出来，把他们捉住。我整天就干这样的事。我只想当个麦田里的守望者。

美国作家塞林格借主人公霍尔顿之口所说的"麦田里的守望者"来表达自己的教育理想，而教育工作者，其实正是"校园里的麦田守望者"。当学生在知识的麦田尽情游戏时，我们要看护着我们的学生，一旦他们走到道德的悬崖时，及时阻止他们。

回顾三十年教育生涯，有学生走进北大、浙大、哈佛、剑桥等名校的喜悦，也有不少没有达到预期的美好的遗憾，从一个踌躇满志年轻气盛无畏无惧的青葱教师成长为全心投入精益求精追求卓越的成熟教师，其间未变的是我的教育情怀：做一名优秀的"麦田里的守望者"。

教育是坚守责任：桃李不言，下自成蹊

康德有言："有两种东西，我们愈是时常反复地思索，它们就愈是给人的心灵灌注了时时翻新、有加无已的赞叹和敬畏：头上的星空和心中的道德法则。""心中的道德法则"就是良心，良心是上苍赋予我们内心的无形的法律，我们做得好，会得到良心的赞赏；做得不好，会受到良心的谴责。

每带一个班级，我总树立这样一个理念：如果我三年的努力能够换得学生未来的幸福，那我就觉得很值，而我的人生也在这一个又一个三年的延续中辛苦着，快乐着，充实着，幸福着。每带一届学生，我都以自己的责任心来感染学生：为了鼓励学生勤奋读书，我会早早来到教室门口；无论春夏秋冬，无论风雨晨昏，每一天的坚持成为每一届学生心中永恒的风景。2004届的一位陈同学考入理想大学的那年的教师节，他托花店送花给我，然后电话告诉我：我以前早读经常要迟到几分钟，翟老师每天早晨准时站在教室门口，让我感觉既惭愧又感动，以后再也没有迟到过，学习状态也开始回升，最终考进了理想的院校，教师节向老师献束花表达我的敬意。现在这个孩子已经留在北京工作，生活得很好。后来回来看望我时，我问起他的肠胃情况，他很吃惊地说："翟老师只教了我一年，怎么还记得我的肠胃不好？"我笑笑告诉他，你们都在我的心里。

桃李不言，下自成蹊。长期责任的坚守会凝聚成一种人格魅力，这种魅力会在潜移默化中熏陶学生，使学生在"润物细无声"中渐渐成长，让优秀成为一种习惯。正如一位同学在教师节赠言中所写的那样："从您身上我读懂了什么是无私、奉献和认真，也读懂了什么是真诚、豪爽和责任，一个人如果可以因为自己的存在而让他人感到幸福，那她的人生价值就实现了，您已做到，而我也在薪尽火传中不停地努力。"

教育是刚柔相济：和风细雨是爱，雷霆之怒也是爱！

高二下学期，班里突然来了个女孩叫娟，听说是其他中学转过来的，转学原因有不同的版本，总之，是一个不太让人省心的孩子。

她是一个漂亮的女孩，也是一个爱美的女孩，每天上学都要化妆，有时把化妆品带到教室，一下课就帮同桌涂脂抹粉描口红，在班级影响不好，经我提醒，收敛了一些。

一个星期天的自修，我去教室看望学生时从后门进，发现她在非常用心地看电子词典，她实在太投入了，以至于我站在她后面五分钟她都没有发觉。经验告诉我，她一定不是在查词典。我从后面伸手接过电子词典一看，果然是在看内容不堪的言情小说。

我收走了她的电子词典，她也不主动去找我要。

再后来，学生告诉了我两件事：一是她交了隔壁学校的男朋友，在学校食堂公然一起就餐，而且向大家公开炫耀，甚至把交往的细节诸如

"我去学美术时男朋友每次接送，给我买很多好吃的东西"也在教室当作谈资；二是她竟然在班级高价转卖男朋友一直在出售的手机卡。

这两件事情被我知道并经她亲口证实后，我让她当面保证不能再在教室出售手机卡，她当场很痛快地答应；我动员她和那个男生断绝来往，她一言不发，沉默以对。

于是我就动了雷霆之怒：如果还想继续留在这个班级，必须和他彻底断绝关系。我想以此让她明白我的态度。

她依然秉承"沉默是金"的原则和我对峙着。

在这个时候，我知道，该是她的父母出面的时候了。

我请来了她的父母，告知了事情的经过，特地强调了事态的严重和影响的恶劣，为了使她尽快走入正途，我和她父母商量了解决问题的办法。她的父母果断做出了行动，去了男方家里，双方父母达成协议，在高中期间禁止两人发展恋爱关系，各自看管好自己的孩子。娟的父母果断地收回了她的手机，保证每天按时接送。

她连续几天不变的神情告诉我，她很不开心。那几天从不正眼看我，上课有时没精打采，估计在做思想斗争，晚上休息不好。让她经历一下思想的煎熬也好。成长是需要付出代价的，谁也代替不了自己蜕变的痛苦，我决定以沉默的态度，静观事态的发展。

在高三紧张的复习迎考中，在我的明察暗访和家长的迎来送往中，她过着一个正常的高三学生的生活，每天上学、放学、复习、考试。

不久的一次考试，她成绩有了些许的起色，我抓住时机找她聊天，对她取得的成绩给予了热情洋溢的肯定，向她传递了关心她健康成长的老师的喜悦，同时为我之前处理问题的粗暴态度向她道歉，以非常诚恳的态度跟她做了一次心灵的沟通。我把我高中一个好朋友在高中因早恋而求学失败到现在悔恨不已的切身经历告诉她，让她明白志在山顶的人不要因为留恋沿途风景的美丽而停止了攀登的步伐，让她明白老师阻止她继续发展恋情的原因，并告诉她，把这段美好的感情埋在心底吧，如果将来有缘的话，你们还会走到一起。她认同地朝我点点头，临走时向我郑重地说了声谢谢。

再后来，我意外地出了车祸，躺在医院，百无聊赖，是她，作为第一个出现的学生，捧着一大捧鲜花来到医院看我，给我带来了一份不一样的惊喜，她把事先拍好的自己创作的美术作品一幅幅展示给我，让我分享了她不断进步带来的喜悦。

再后来，她给还在休养的我发来了短信：翟老师，您不在的日子，同学们好像免疫力也降低了，这两天不断有同学感冒，我们热切盼望您早日康复，早点回到我们身边，我们真的离不开您！

在同学们的热切期盼中，我提前结束了休养，投入到如火如荼的高考复习迎考中，我们一起努力，一起奋斗。看到娟的状态越来越好，成绩越来越优秀，我心里真是说不出的高兴。

高考成绩出来的那一天晚上，正当我在为学校和自己所带班级取得了又一次重大突破而欣喜若狂时，她打来了电话："翟老师，我考进了上海的东华大学！"听着她激动得变了调的声音，感受到她电话那头激动的眼泪，我内心有说不出的激动，惊喜和感动的眼泪也顺着脸颊流了下来。

进入大学的她如鱼得水，除了学业优秀，还参加了很多社团活动，电话里传来她清脆而快乐的声音："翟老师,我已经是一名入党积极分子了!"放下电话,我幸福地且行且思:又一个孩子走向了生命的春天!

教育是静待花开:春风化雨,润物无声

泰戈尔说:"不是锤的打击,而是水的载歌载舞,才使鹅卵石臻于完美。"

作为教师,最让我们牵肠挂肚的是班级的后进生。

高二文理分科时,我班分来一个很难管的学生捷,学习浮躁,纪律松弛,生活习惯差,自由散漫,我行我素,容易冲动,曾多次和原班主任及科任老师发生正面冲突。分到我班时,政教主任告诉我,一周至少要找捷谈两次话。

为了对他有更深入的了解,一个月内,我对他进行了两次家访。他家离学校很远,来回一次需要近三个小时。

通过家访,我了解到他妈妈常年在外地做生意,春节才回来一次,捷周末回去,常是一个人在家里,他的一些不良习惯没人指点纠正。他那做生意的爸爸较忙碌,难得的几次见面常常伴随着"恨铁不成钢"的训斥与责骂,父子俩关系非常紧张。天长日久,他居然在一些社会青年那里找到了平衡和安慰,染上了满身的坏习气:戴项链、手镯,在教室脱鞋,看书趴在桌子上,两条腿不停地晃来晃去,上课时嚼口香糖,照

小镜子。针对这种情况，我建议他爸爸，周末回去的时候，尽量多抽时间陪他，让他感受亲情的温暖；回到学校，我关照他时，又多了一份母亲般的细心。

有一次，看到他的校服裤子开了线，我让他换下来，我拿回家洗干净缝好、熨平整交给他，并嘱咐他以后缝缝补补的事情尽管找我。从此以后，他对我的态度大有转变，见面必鞠躬问好，接受批评时少了以往那种无理强三分的抵触，班级有一些体力活他总是带领几个同学主动去做。对于他的点滴进步我及时鼓励，但是对于他的缺点也决不姑息，为了让他有更快的进步，他一米八多的个头，我让他坐在班级第一排的边上，时时刻刻让他处在老师和同学的视线里，但依然不能保证他连续安静20分钟，轮到自修课，每20分钟都要去一次厕所。无奈之下，我连续两周让他在我的办公室自修，天天晚上，我都在旁边监督着；一年过去了，300多个日子，不知道经历了多少次这样的反复交锋，我用一个教师的倔强和母亲的情怀彻底改变了他。

高三那年的教师节，他折好一封信交给我："原来，我是一个不甘寂寞的人，无论走到哪里，身边都会有很多朋友围着。即使到了一个陌生的地方，过不了几天就会有新的朋友围在我身边，从没有一个人单独走过，也不愿有这样的机会。但自从进了一班后，我发现我变了，变得喜欢一个人独处了，一个人静静地思考，也学会了喜欢尝试。这种感觉很好，或许，一年后的我会真的让那些对我有成见的人大吃一惊！"

后来，在一次升旗仪式上，我让他代表班级进行国旗下的讲话，他非常激动，又是写稿子，又是忙着请我帮忙改稿子，当天早晨就在走廊上大声朗读他的稿子，让我帮他指点声音的抑扬顿挫。当天国旗下的讲话非常成功，受到很多老师的夸奖，他非常开心，我趁机告诉他："你已经得到大家的肯定了，以后更要加倍努力。"他开心地一个劲点头。后来在一次周记中写道："我现在对我的班级充满了信心，对我的未来充满了信心，我相信明年的六月，蓝天是我们的，大地是我们的，阳光是我们的，一切都是我们的。"当年高考，他以优异的成绩考入了理想的学校，让所有了解他过去的人感到不可思议。更让我欣慰的是，他前进的脚步一直在不断延伸，进入大学后，他积极追求上进，做了班干部，入了党，他在来信中这么写道："翟老师，您是上天赐给我的恩师，您以自己独特的方式让我既感到了严师的教诲，又感到了母亲的温暖，感谢您把我从泥潭中拉了出来，让我找到了人生价值。"

师生的交流一直在延续：恋爱了，他告诉我，让我分享他的成长；结婚时，他邀请我，让我见证他的幸福；升职时，他告诉我，让我分享他的喜悦；生子时，他半夜打电话告诉我，让我分享他的激动。后来的后来，现在的现在，我们成为了亲人般的存在。

三十年来，我始终以母亲般的情怀给予班级的学生足够的关爱，只要是真的为了学生，学生就会懂得，老师给他们的温情是爱，对他们严厉也是爱，每一次的接触都是一次心灵的碰撞，每一次的碰撞都能产生一种灵魂的震撼，每一种震撼都会凝聚成一种上进的力量。正是有了这种力量，我所带的毕业生大多在各自的大学精益求精，从未停下探索与成长的脚步，毕业后在工作岗位上继续创造着自己人生的辉煌。

作为教育工作者，我始终抱有这样的情怀：坚守在教育的麦田，随时播撒爱的种子，让爱之花静静开满麦田，让教育的麦田花香弥漫，让在麦田穿梭的师生，在时时处处感悟共同成长的幸福和快乐中，从平凡走向优秀，从优秀走向卓越。

2022 年 5 月 15 日

至简向真　笃行日新

■ 严　涛

个人简介

严涛，嘉兴高级中学语文教师，第六批嘉兴市高中语文名师，浙派名师培养对象。

为师为谁？当为学生。把促进学生的发展当作自己工作的出发点和落脚点，是我的教育初心。23 年来，谨守初心，从初中到嘉高，从 9 年班主任到 10 年学校职能科室管理工作，从年轻教师到嘉兴市名师，秀洲教育成为我成长的沃土，嘉高的求真之风影响着我、塑造着我、丰富着我，也让我自己逐渐拥有了至简求真的追求。

求真传嘉风

2007 年夏天，在嘉高老校长徐新泉的邀请下，我荣幸地加入嘉高人的行列。学校为新入职的老师搭建了成长的平台，提供了大量锻炼机会。我最感激学校给我两方面支持——优秀教师引领我前行，跟岗和科室锻炼带我扎实教学。从中我深刻认识了嘉高求真之风，濡染了嘉高求真之风，传承践行了嘉高求真之道：以德心守护着学生，以学养化育着学生，以科研激发着学生，以评价助力着学生，以课程服务着学生，以务实追求着事业。

以德心守护学生。陪伴守护是老师对学生的真情告白。如何让学生珍视你的陪伴守护，"德心"是根本。"德"是爱人之念、育人之范，"心"是爱人之细心、育人之用心。爱学生意味着全心付出，细心引导。这是进校后从德育师父翟景梅老师身上感受到的爱生之真。朴实、真挚，循循善诱，不仅对学生，也对同事，这让我受益匪浅，翟老师成了我学习的榜样。当班主任时，即便肾结石发作，连续挂盐水半个多月，疼痛难忍，医生几次使用杜冷丁止痛，盐水挂到凌晨，但我第二天一早必定出现在教室。当时，备课组一位老师请产假，我还代了一个班的课，都没缺过一节课。这种德心，是守护学生成长的前提。这种责任心，深深感动着班里的学生，这就是对学生最好的责任意识教育。

以学养化育学生。扎实的学养、一丝不苟的教学态度才能引导学生信其师，才能激发学生亲其道的热情，才能更好地完成传道授业解惑的使命。2008年学校安排我到慈溪中学跟岗锻炼，师从语文特级教师黄梦珂。慈溪中学一个月的跟岗，让我见识到了老一辈特级教师深厚的学养。从此，我开始让自己变得简单，埋头学习，阅读大量的书籍，抓住每一次学习、成长的机会。2013年，我加入了徐桦君特级教师工作室，站在了更宽阔的平台，也认识到了自己的长处和缺点，继续在厚学养的路上前行。现在，我尝试通过作文引导学生信其师、亲其道。在学养的支撑下，我形成了自己的作文教学体系，操作性强，系统性强。我的写作指导课获得2018年浙江省优课称号。有段时间，我还在嘉高语文组的微信公众号上开设了"跟着涛哥写作文"专栏，将自己的作文教学经验分享给同事和学生。几年来，我在各类报刊发表有关写作的文章20多篇。

以科研激发学生。科研让教书育人从经验走向专业。这是我的教学师父薛万霖老师传递给我的经验。我坚信这句话，而且努力践行着这句话。2009年，我担任教科室干事，在薛万霖老师的指引下，走上了教科研助己成长之路。比如，为帮学生读懂《论语》，我开展"高中国学校本选修教材开发的实践研究"；为培养深度学习能力，我主持全国教育信息技术课题，自主开发微课程一门共22节，被浙江微课网录用。为了帮助学生开展整本书阅读活动，我执笔了省教研课题，设计了整本书阅读App，该成果论文被人大复印资料转载。近十年来，我主持的国家、省级、市级课题不少，曾有获奖，也发表了不少论文，这些理性思考让我服务学生的能力更专业化、更科学化，也在无形中成为助推我成长的重要资源。

以评价助力学生。在薛万霖老师的引领下，我积极探索多元评价、科学评价。首先进行命题评价研究，研究命题的标准性、规范性和精准性，以测试后的数据分析，反推命题的科学性。如何研究？参与命题是最好的方式。我逐渐成为嘉兴市高中语文命题组的核心成员。最辛苦的一年连续四次参加高三的命题和审稿，涉及8月高三基础知识测试，12月高三期末卷，来年2月高三一模卷，3月高三二模卷，其中辛苦，让人想放弃，但从中的收获，又让自己坚持至今。其次，尝试评价手册评价法。我以选修课为对象，以课题研究为载体开展研究，《以评价手册为载体的高中语文选修课程评价研究》得到了浙江师范大学基础教研研究项目的资金支持。我编写了《〈世说新语〉人物谱》的评价手册，尝试了评价手册评价法，在实施中得到了学生的认可，该成果获得了浙江师范大学第三期基础教研研究项目评比一等奖。

以课程服务学生。开发并开设选修课程为学生的多样化、个性化发展提供了可能。在课程改革的背景下，在特级教师潘新华老师的引领下，我积极投身选修课程的开发开设，让学生有更多的选择。为了增加学生的阅读量，引导学生进行整本书阅读，我开发了选修课"《世说新语》人物谱"，该课程获浙江省普通高中第四批精品选修课程称号；学生渴望了解嘉兴历史文化名人，我开发开设了选修课程"南湖名人故居文化体验"，带领同学走进嘉兴历史名人故居，在沈钧儒纪念馆开展义务讲解实践，增强学生对嘉兴文化的认同感，该课程获得浙江省第五批普通高中推荐选修课程称号。为引领学生开展科技创新活动，帮助同学在三位一体招生、自主招生中获得更大的优势，我积极投身综合实践课程，指导学生开展科技创新活动，科技创新虽然不是语文老师擅长的，但我凭着对学生负责的态度，投入大量时间精力，在潘新华老师的支持下，帮助学生取得了优秀的成绩：嘉兴市科技创新大赛一等奖 1 项，嘉兴市高中学生综合实践活动优秀成果一等奖 5 项，浙江省中小学生综合实践活动优秀成果 3 项，国家实用新型专利 6 项。

以务实追求事业。"多干一点不要紧"，我总是用这样积极的心态去帮人，去做事，学校安排的工作从不推脱。教学一丝不苟，精细研究，为备课组提供资料；在教师发展处工作，热心帮助老师修改论文和课题，分享自己的教科研经验；担任区政协委员时，调研、社情民意、提案从不落后；在校办工作，服务广大老师，做好学校宣传，树学校良好形象。最多的一年，一个人写了近 120 篇宣传稿，完成《南湖晚报》3 个版面的宣传，协助校长思考并提炼梳理学校特色及学校发展总结和规划，成文近 50000 字。

至简求高标

法国艺术大师罗丹说过："在艺术中，有风格的作品才是美的。"把罗丹的这句话借用到教学中，我可以这么说，在教学中，有风格的教学才是美的，有风格的教学才是有境界的。对我来说，教学风格的出现和形成让我逐步走向教学的成熟。

改变理念，明晰目标，"简约"语文的起步。为了提升阅读教学效率，2009 年，我开始了对教学"主问题"设计的研究。2013 年，这项研究成果获市级二等奖，论文获省一等奖。在对教学"主问题"设计的研究过程中，我逐步认识到提炼自己教学风格的重要性，也朦胧认识到自己的教学风格，就应该是像教学"主问题"一样简单清爽的，因为在学生们看来，我的课堂"很清楚"。综合我的个性和学生的评价，2017 年，在特级教师徐桦君的指导下，我尝试将自己的教学风格归纳为"简约"。

"简约"语文，体现了课堂教学理念的简约朴素。语文课堂教学要"以简驭繁，以约驭博"，即删繁就简，以语言为核心，抓住语文学习活动这一主要形式，减少不必要的教学内容，追求学生语文素养的发展。语文教学"简约"要求我基于教学内容和学生的知识、经验，以深入浅出为原则，对语文教学的目标制定、内容选择、环节设计、学习活动、学习评价、媒体使用、方法指导、教学语言等多方面内容进行简约化处理。"简"是表象，"约"是本质。"深入浅出"要求我进一步扎实基本功，深入研读教学内容，对教学内容有全面、深刻和个性的理解，而在这基础上，精选其中最精华的部分，厚积薄发，用最为简单、易于接受的方式传授给学生。

坚持阅读，增加底蕴，"简约"语文的实践。刘勰在《文心雕龙》中说"将瞻才力，务在博见"，读书、参加研讨、听讲座使我有机会博闻广见，我的眼界开阔了。在冯启德老师的《语文教学知行录》中，我看到了当前语文教学值得注意的几个问题，如读懂文本和分析鉴赏的问题、打好基础和拓展提高的问题、多元解读和基本认识的问题等等，对这些原先有些迷糊的问题有了较为清醒的认识，从中也懂得了盲目赶时髦、走极端的语文教学是有害的。读郑桂华、王荣生主编的《语文教育研究大系（1978—2005）·中学教学卷》，书中课例加上专家点评，可谓是理论联系实际，真是受益匪浅。读孙绍振教授的《如实解读作品》《文学性讲演录》《对话语文》《演说经典之美》，努力领会他的理论核心概念"去弊"、比较和还原的文本分析方法，对文本解读和语文教学的理解大有裨益。

在大量的阅读和教学实践中，归纳出"简约"语文的实践架构。具体包括教学内容简要、教学环节简化、教学方法简朴、教学语言简洁、教学评价简便、作业练习简练等六个方面。在此基础上，我尝试进一步理清六个方面的具体操作策略。同时，梳理总结"简约"语文课堂必须具备的五个特征：主问题、有活动、敢表达、会倾听、真评价。通过系统化的方式，简约语文的实践框架日益清晰。

写作教学，聚焦层进，"简约"语文的突破。写作教学是不少老师不愿意突破的语文教学难点。我把写作教学作为"简约"语文教学主张体系构建中不可或缺的部分与不容回避的难点来突破。高一重点突破记叙类作文的写作，高二高三突破论述类文章的写作。针对高中论述文写作指导过程中批判性思维培养不到位的现状，我尝试通过建立论述文写作自我评估机制，即论述文写作思维自检学习链，从写什么、怎么写、写得好三个层面，引导学生进行写作的批判性自检，不断提升学生论述文写作的能力，同时强化学生论述文写作时的批判意识。

具体到一节写作课，"简约"语文理念下的写作教学指导课，我努力实现五个"真"。真情境：为实现某种教学目标，我要创设基于现实生活的情境，引导学生进入其中，从写作要求中发现与自我的关联。真任务：真实的写作任务，明确的训练指向，及时为学生搭建写作支架，让写作训练有序而扎实地进行。真作品：以学生的作品为蓝本，写作教学材料从学生中来，指导回到学生作品中去，课堂写作对话就有了鲜活的凭借。真诊断：要发现真问题。聚焦课堂训练的目标，及时对学生的课堂习作进行诊断，发现问题，生成富有针对性的教学活动，教与学才会真实发生。真评价：针对学生真实作品中存在的真实问题，展开评价活动，激活学生的思维，教给学生写作的方法，帮助学生找到正确的写作方向，不断提升学生的表达素养。

至简向真，笃行日新。在嘉高这个"嘉木扬长"的平台上，我领受着学校支持，感受着师友鼓励，享受师生相长，笃行至简，向真日新，实践着"高德归真"的追求。

2022 年 5 月 15 日

陪你们一起慢慢成长

■ 鲍周生

个人简介

鲍周生，毕业于杭州师范学院，高级
教师，曾获嘉兴市德育工作先进个人、
秀洲区高中语文名师等荣誉。多年来
一直践行"教学一体、教研一体、读
写一体"的教育理念，辅导学生获奖
或发表文章 200 多篇，曾发表文学作
品 400 多篇（首），并在《中国教育报》《语文教学通讯》《中
学语文教学参考》《语文学习》《语文月刊》《教学月刊》等报
刊发表教研文章 400 多篇，参编教辅图书 50 多本，出版专著
《亲爱的语文》等 2 部，系多家报刊的特约撰稿人。

学生的成长是个漫长的过程，这中间需要人的陪伴。除了亲友与同
学，老师就是默默陪伴你的那拨人。我为师 30 余年，静待树长花开的

故事不少。

陪你们度过寂寞中秋

一次，在某街区邂逅以前的一个学生，一声"鲍老师"足够温暖，让我们想起曾一起走过的美好时光。他说，总想起在流感肆虐的日子里，你为全班同学发的醋大蒜；在不能与家人团聚的中秋节，你为大家送的月饼……是啊！那个中秋，真的令人难忘。

这是一群十七八岁的孩子，他们中的大多数还是第一次离开家离开父母，到我们学校来就读高中。那年的中秋节是9月15日，星期四（那时还没假期），因为不在周末，他们就不能与家人团聚，更不能享受到节日的温馨。而这一天我也要在学校督班，也不能与家人在传统节日一起相守，共同享受温馨与浪漫。

我的中秋，与谁共度？这不是天赐良机？我的中秋，为什么不与学生们一起欢度呢？作为班主任，我有理由给学生以温暖与快乐，我岂能让这种师生情感交流的良机白白错过？于是，我悄悄做了准备，没有预先告诉学生，为的是要给他们一个意外的惊喜。

中秋之夜的最后一节自修课，我打开了教室的多媒体，播放着歌曲《月亮之上》："我在仰望月亮之上，有多少梦想在自由的飞翔，昨天遗忘风干了忧伤，我要和你重逢在那苍茫的路上……"许多学生停下了做作业的手，在欢快的乐曲声中，奇怪地看着我，心想：今天，我们的"老班"怎么啦？有人马上叫了起来：今天是中秋节。

看着那些青春却疑惑的脸，我说："是的，同学们，今天是中秋节，这是个应该与家人欢聚的日子，可我们不能回家。但我们不能因此而选择孤单，因为我们共同拥有一个大家庭。作为一家之主，我先祝大家中秋快乐……"教室里响起一片掌声。随后我让学生一个个按学号轮流上讲台，我用双手向每位学生送上一个小月饼，学生们开心地用双手接过月饼，与手一起递过来的还有许多真诚的"谢谢"。

"有你的远方就是天堂……谁在呼唤情深意长，让我的渴望像白云在飘荡……用温柔眼光让黑夜绚烂……你的笑容让我找到了最后信仰，美丽的月亮你让霓虹黯淡无光……"学生们边吃月饼边听歌，一时忘记了学习的劳累，忘记了不能与亲人团聚的遗憾。

吃完月饼，我说："同学们，我们一起来写一篇文章吧。"

"啊，我的妈呀，亏了，还要写作文？！"不少学生就委屈地叫了起来，他们开玩笑说，"早知如此，我就不吃月饼了……"

我说："我们的活动很简单，就进行故事接龙，以'中秋之夜'为题，每人说一句话，将故事传递下去，要求有时间、地点、人物、事件等要素，并且希望做到故事生动曲折精彩。"

"在2104年的中秋之夜，一群117岁的老头老太，相约在月球上举行同学会。"故事接龙在富佳同学美丽的想象中开始了……"小老头汪汪因为一群孙子孙女的纠缠，错过了开往月球当天的末班车，痛哭不已，遗憾终身。"最后一位同学汪小波面对倒数第二位同学抛出的"中秋之夜在欢快的氛围中结束了"的接龙句，巧妙地为故事续写了真正的结尾。就这样，学生们在欢呼声中轻松地完成了一篇作文。为了表扬他们，我即兴对这次活动进行了小结——一首我的小诗《好梦常相伴》：今夜月亮不回家／将我们快乐陪伴／今夜我们一起想家／想家的感觉真温暖／今夜做个美梦／让梦想开花到永远……

第二周，我读到了学生的随笔，许多学生都写到了这一个难忘的夜晚。他们都说自己是第一次在外过中秋，第一次吃到老师为他们准备的月饼，真的非常高兴。其实，月饼很小，不能用金钱来衡量，但出门在外的学生们已经很满足了，他们都知道"礼轻情意重"的道理。作为老师，尤其是班主任，平时要多从细微处去关心学生的学习与生活，要从精神和心理上对学生多一些理解与帮助。因为"细小处更见真情"，学生虽然嘴上不说什么，但在心里往往能感受到老师给他们的爱与温暖。

如果说有什么遗憾的话，那就是由于健康原因，我第二年没再担任他们的班主任，未能陪他们走完艰辛的高中之路。

陪你穿过失恋的雨季

男女学生交往过密是教师感到棘手的事，家长最苦恼的也是孩子的早恋，因为情感这方面的问题有点复杂，我们的教育效果也不太明显。对此，有不少老师往往采取简单的应对办法，即强行将他们分开，如不行，就劝其换班或转学；也有老师采用回避的方式，只当不知，顺其自然，对这种事可以理解，但不提倡，希望学生自己把握好度。其实，学生也知道这些道理，可是他们就是控制不住心中那把火。

其实，我认为我们不必羞答答地应对这种事，这本来就是光明正大的事。教育法告诉我们，教师有权利和义务对中学生进行青春期教育——青春期生理、心理卫生和爱情教育。我时常利用课堂见缝插针对学生进行爱情教育，学生还是很喜欢听的，如我以攻为守，学生通过对文学作品中伟大纯洁的爱情故事的阅读与欣赏，进行爱情观的思考与交流；我也利用报刊上有关学生恋爱悲剧的新闻报道，与他们进行爱情大讨论，让学生大大方方地谈"情"说"爱"；等等。

朋友式的交流，平等地随聊，或面对面，或书信式，或网络聊，希望在不知不觉中将我的看法与情感价值倾向融入进去，引导他们能正确对待爱情。由于我的真诚，他们也主动来找我说心里话。

小凌是个学习勤奋、待人真诚的女生，高三第二学期刚开学一个月，她喜欢上了自己班的一个男生，而且"爱"得不能自拔，她在随笔中向我发出了求救信号。于是，我给她留了言：你能否暂时把他放在心之一隅，关键时刻要以学习为主。我希望这样做让他从她心里慢慢褪去。一周后她告诉我，不但不行，反而更强烈，眼里都是他的身影，晚上也睡不好，几乎到了狂热的地步；她自己也知道，再这样下去，高考要完了，甚至她的心理也会崩溃。我问，他感觉到了吗？她说应该是知道了，但他还是那样微笑着，好像什么事也没有。"鲍老师，你想想办法，救救我。"我真的很为难，问她别人知道这件事吗？除了同桌，没人知道，就连班主任她都没有说。我问她，你真的想要个结果，不想保持那份美好？她毫不犹豫地点了点头。于是我残酷地建议：那就快刀斩乱麻，长痛不如短痛，要么让你同桌向他转达你的意思吧，我怕你直接说会有尴尬，但你要做好受挫的心理准备。她开心地接受了我的想法。

　　两天后，她来找我，看着她的失魂落魄，我就猜到了答案，这是我预料中的事，但我真的也很心疼。于是，我建议她把自己最想说的话，写在随笔本上，字数不限，篇数不限，我愿意充当读者。她几乎每天都能写一篇，都写得满满的，远超 800 字。她需要向人倾诉，而我总是认真阅读，仿佛她面对面向我诉说。我也写上读后感，包括一些人生哲理与从失恋中走出来的名人故事，以此开导她。一周后，她依然无精打采，我建议她通过听音乐、做运动来转移注意力；她照做了，也好像没什么明显效果。其实，"时间是最好的良药"，她依然写随笔，我依然读随笔。渐渐地，她的状态好多了。就这样过了一个月，终于，她成功走出了失恋……这时，已经是五月初，离高考还有一个月，我表扬她成功突围，最后一个月，好好复习，争取高考取得好成绩。最后一个月，她基本进入了正常的学习状态中，当别人考前出现了综合征，而她劲头正好，虽然偶有情绪波动，但基本正常，最后顺利参加高考，并考出了比较正常的水平，语文也考出了个人的最好成绩。

　　她家住在郊区，在大学放寒暑假时本可以在火车站直接坐公交回家的，而她总要穿过大半个城市来母校看我，有时我有课，她会耐心等候，就为了下课时与我聊一会儿天，然后，她很快乐地回家。

　　我们要以一颗平常心来对待学生的恋爱之事，这是不必回避的，也是回避不了的。因为这是他们成长的必修课，而爱情教育是我们提供给学生的不可缺少的营养餐。

陪你们蹚过高考之河

　　我一般是通过每周随笔与学生进行交流与沟通的，内容不限于语文学习，还包括生活的方方面面。高一高二随笔一般要到6月中旬结束，高三到5月下旬为止，因为高考前夕，学生的心理问题不少，不少学生常在随笔中以各种文字与图案发泄情绪，以排解高考的压力，我均予以理解，并进行积极的鼓励。

　　2012年四五月，报刊网络上，有人在质疑刘继荣的文章《坐在路边鼓掌的人》，也许是轰轰烈烈的"价值观大讨论"的缘故吧。这篇文章以前读过，我觉得不错，于是五月时我将该文发给学生，因为那时许多学生考前的压力很大，需要老师进行一些心理疏导。我觉得首先要解决"人与自我"的问题，就在黑板上写下几个大大的关键词送给他们，如"输与赢""成功与成才""平凡与平庸"等，引导他们以平常心对待人生中的高考，对待成败得失，要输得起，赢不骄；成功固然重要，但成长更重要，因为拥有成长就好，快乐就好。我列举了一些事例，包括这篇《坐在路边鼓掌的人》，并让他们想想议议说说，他们畅所欲言。6月7日上午语文考试结束，想不到这篇材料成了当年的高考作文题，实属幸事。许多学生都很激动，我也很开心。

　　高考全部结束后，王云的家长特地带着孩子来到我办公室，她感谢我为她孩子考前进行的心理辅导，使孩子能够在良好的心态下完成了语文试题；尤其是她的作文，是平时考试中最担心的，老是怕走题，虽然她向来喜欢阅读，能写个性作文，也曾获得过"语文报"杯作文竞赛省级一等奖，但这与考场作文是不同的；我曾多次与她交流，但她心里好像总有个疙瘩，一时难以解开，因此她的信心难免有点不足；但面对这个高考题目，她感到很有信心，心情轻松，她说60分的作文估计能得50分；后来也得到了验证，一模考了95分，二模考了89分的她，高考116分。估分推测，她的作文不会少于55分，她也因此考入了自己理想中的大学。

作为教师，我应为每个孩子着想，我要站在路边为学生鼓掌，我要真心诚意地为他们的进步喝彩。因为这个世界是多元的世界，鲜花与掌声应该属于每个人。我要陪伴他们顺利蹚过高考之河，抵达理想的彼岸。

有人说，"陪伴是最长情的告白，守护是最沉默的陪伴"，而我想说的是"陪伴是老师最优美的语言，守护是老师最优雅的行动"，就让我们陪伴学生一起慢慢成长吧！

2022 年 3 月 20 日

幸对清风皓月

■ 朱 姮

个人简介

朱姮，2008 年毕业于宁波大学，教育学、文学双学士。嘉兴市教坛新秀，嘉兴市优秀团干部，秀洲区学科带头人、教育系统优秀党员、优秀党员志愿者、优秀工会干部。发表及获奖的论文 20 多篇，主持过 5 个市级课题、1 个市属课题，

多次获得嘉兴市教科研成果奖。曾获教育部"一师一优课"评比部级优课，全国阅读指导课三等奖，嘉兴市青年教师教学竞赛一等奖、市级优质课二等奖。编写选修课程获得嘉兴市精品课。指导的学生在各级各类作文竞赛、研究性学习小论文评比等比赛中获一等奖。

身正为范，桃李不言清风拂

2021 年 6 月，当我从张校长手中接过"市教坛新秀"的荣誉证书时，我本想给我的第一任师傅薛万霖老师发条信息，报告一下喜讯。然而，想到距离他给我制定的 10 年评上"教坛新秀"的目标，已经整整超过了 3 年，而薛老师对我向来严厉，我不由地把拟写好的信息又删掉了。

嘉高在教师培养方面，一直有个品牌项目——"青蓝工程"，即为新教师安排有丰富教学经验的老教师做师傅，对新教师进行备课、上课、命题等全面指导。2008 年，我刚刚大学毕业到嘉高工作，懵懂中，学校给我安排了薛老师做师傅。他是嘉兴市名师，也是嘉高第一任教科室主任，自身业务能力很强。薛老师当年对我的谆谆教导，现如今回想起来，大多已模糊不清，只清楚地记得，他曾与我探讨一篇他拟发表的文章，编辑要按照自己的主张让薛老师修改题目，薛老师却较起真来，觉得编辑的题目改得不恰当，在进行了一番激烈的争论后，编辑"威胁"薛老师，如果不修改就不给他发表。我本以为薛老师会就此屈服，没想到，薛老师执拗地说，那就不发表了。与现今大多数人为了发表一篇文章而刻意讨好编辑的世风一比，薛老师的特立独行，很显文人风骨。

过了一年，学校又安排了曹爱琴老师做我的师傅。曹老师亦是嘉兴市名师，曹老师的严谨细致作风到现在还深深印刻在我的脑中。犹记得，我人生中的第一堂校外公开课，讲课题目是《奥林匹克精神》，这是一篇选读课文，很多老师当时都是当自学课文让学生自读的。当我拿着教案请她指导时，她温柔地问我每个教学步骤的设计意图和要达成的教学目的。其实，作为新老师，我哪有考虑这么多，教案都是找了网上的教案拼凑的，我一时语塞。曹老师也没批评我，只是打开电脑，让我看了一个文件夹，里面有很多很多文件，都是这节课的相关资料，她还告诉我这节课属于"活动体验"板块教学，跟其他课型应该是不同的……我一时羞愧得无地自容，不禁为曹老师的认真所折服。经过几番磨课后，我完成了自己教学史上第一堂成功的公开课。刚上完课，曹老师便打来电话询问课上得如何，有什么体会，并嘱咐我把反思记录下来，这将是一份宝贵的科研资料。如今，十多年过去了，当我要参加市优质课评比找曹老师帮忙磨课时，她笑着说："我很感动，你工作了十几年了，还一如既往地如此努力。"她不知道的是，其实这都归功于当年她的身教。

对薛老师和曹老师，我一直都没有把感激的话说出口。"桃李不言，下自成蹊"，他们从来没有教导我要如何做，只是我身上早已经刻上了他们的影子。

学高为师，两袖清风心无私

2021年5月，我获得了参加市优质课评比的机会。我很庆幸能通过层层选拔，进入市级评比。我马上找了我的第三任师傅——语文组的教研组长赵云霞老师，希望她能给予指导。从2010年赵老师担任我的师傅开始，10 年间，我参加的大大小小的比赛、公开课、讲座，都会请赵老师指导，而她从来都是不吝赐教。

嘉高在教师培养上，一直是分层分级培养。不论身处何年龄层，只要你想发展，都可以获得相应的帮助。在脱离了新教师的身份后，学校还会给我们安排各种类型的师傅，譬如学科指导师傅、班主任工作师傅、课题指导师傅等等，教研组内也常常开展各种磨课、评课和研讨活动，所以，我们在一路的成长中总能获得各种各样的帮助。在校内的各种互助成长活动中，我得到过很多人的帮助，有的是语文组内同仁，有的是语文组外的名师，其中赵老师对我的帮助尤甚。按理说，当年学成师满出山后，她大可不必再如此尽心指导我，但是因为一句"师傅"，她便义不容辞地承担起了对我的指导。赵老师是市学科带头人，曾经有学生评价过她，赵老师的课是凡间难见。我记得赵老师曾经把一句话作为座右铭置之桌上，曰"心底无私天地宽"。在对待我们这些语文组后生上，赵老师真真是心底无私的。我们有所求，她多是倾囊相授。记得有一次，我要开设公开课，课前请她帮助磨课，因为时间紧急，晚上 7 时 20 分我请她来帮助磨课，本以为这样无礼的要求她会婉言拒绝，没想到，她二话没说就答应了下来。听完课后，还给我评课指导，直到 10 点钟才回家。我们无所求的，她亦是为我们多做铺设，常常为我们考虑长远。前几日，她推荐我加入了省名师工作室，按她的说法，希望我能在更好更高的平台上得到发展。"父母之爱子女，必为之计深远"，赵老师却以师傅之身份，存父母之心，为父母之事，当真是"一日为师，终身为父"也。

按辈分来说的师伯——嘉兴市名师严涛老师在课题、论文方面亦是对我指点有加。当年，时任教科室副主任的他，办公室就在我的隔壁，我作为写课题和论文方面的新手，成了他办公室的常客。每次去他办公室，他都会耐心地指导我，现在想起，我的有些问题问得很浅、很低级，但他却从未有过讽刺嘲笑之意，总是一遍又一遍地启发我，还会毫无保留地拿出他写好的课题或是论文给我作范文。我清楚地记得，我发表第一篇论文前，就是他把自己的文章作范文，然后鼓励我说："不要急，先可以参照我这篇文章写些简单的小文章，尝试发表。"后来，当我做了教科室副主任时，他亦是常常以前辈的身份指导我的工作，教给我各种应对的方法，让我在教育管理之路上少走了不少弯路。

春风化雨育桃李，润物无声洒春晖。我何其有幸能遇到赵老师和严老师，又何其有幸能在成长的十年间得到他们的指导。两袖清风心无私，也是因为有太多语文组前辈像赵、严两位老师一样，多年来无私地培育后生，才让嘉高语文组在嘉兴市不断收获佳绩。

星光璀璨，清风徐来润物生

嘉高是年轻的，论年龄她才廿五芳华。而这短暂的廿五年中，她的教坛却星光璀璨，这应是得益于教师培养工程。建校 25 年来，学校对教师培养尤为重视，从徐新泉老校长不断引导开展磨课、听评课活动，到张益民校长把"教师培养"作为学年的工作重点，而师训工作的领头人、浙江省特级教师潘新华副校长更是不断创新教师培养的工作。我记得我参加过学校组织的"名师成长共同体""3M 名师成长共同体""一院三营"教师培养共同体等等各种培训组织。从区教学能手、区学科带头人到市教坛新秀，一路走来，是各种组织的培训、讲座给予了我启发，也是同事之间的互帮互助指引了方向。参加教育部"一师一优课"评比前，潘副校长精益求精，对我请学生的手势都做了指导，"不能用手点学生，要反转掌心用请的手势"，他的话至今还回响在耳边。第一次参加市教科研成果奖评比前，时任教科室主任的沈副校长，细致严谨，让我对照文件，把格式修改了多次，"教育学院的老师都是很严谨的，一个标点都很重要"，她当年的话，我现在常常讲给来交课题的老师听。

清风朗月花正开，多年来，嘉高教科人就是以这样"严谨、无私、细致"的工作作风，在培养一代又一代嘉高师者。新竹高于旧竹枝，我们有理由相信，嘉高的新生代在前辈们的带领下，将走出一片更广阔的天地。

2022 年 5 月 10 日

图频文字话管理　私人定制续美好

■ 张祝平

个人简介

张祝平，本科学历，2008 年踏上工作岗位，一直致力于做一个有温度、有力量的班主任。全国中小学班主任基本功展示交流活动典型经验获得者，浙江省中小学班主任工作室领衔人，省民办学校优秀教师，嘉兴市学科带头人、市第二批班主任工作室主持人、市青年岗位能手、市禁毒团讲师，曾获得长三角班主任基本功大赛二等奖、"黄浦杯"长三角城市群征文比赛二等奖、浙江省中小学班主任基本功大赛一等奖、嘉兴市中小学优质班会课例评比一等奖、市中小学毒品预防教育优秀教案评比一等奖等多项荣誉。

班级管理是每一位班主任的基本职责，一份系统的带班育人方略恰如一盏明灯，指引着我在班级管理的道路上稳步前行。

我们有宗旨——育人理念

自建校以来，嘉兴高级中学在求真精神的指引下，把"嘉木扬长，高德归真"的教育理念，写进每一个嘉高人的心中。嘉才识以益体智，扬长处以具匠心，高标格以立德心，归本真以成其人。我们本着"扬长"而行，我们朝着"归真"努力，"扬其所长，回归本真"，这正是我追寻的育人理念。

我们有分析——班级情况

一、社会情况

"老师，您是不是只带孩子们一年啊？"

"老师，到高二时，您是不是就不带我们啦？"

……

不论是家长，还是学生，"一年"这个期限似乎牵绊了他们很多。的确，新高考之后，学生会在高二因为选课进入新的班级，这对于我这位高一阶段的班主任来说，意味着我和大部分学生的相处时长只有一年，我的班主任期限只有一年。可是，高一标志着学生初中阶段的结束、高中阶段的启程，这是一个新阶段的开端。在这有限的一年时间里，我要做的事情很多，要教给学生的东西很多，所以，我更加需要把握重点，紧扣要点。

二、家长情况

"儿子，你们老师好小啊！"

"老师，这个班是个什么性质的班级啊？"

"老师，我女儿的成绩不是很理想，我觉得她的中考是靠运气，平时也不跟我们聊天，唉！"

"老师，我家小孩就关注手机，暑期里已经跟我们吵了好几次了！"

"老师，以后学习要靠你了，拜托你了！"

……

这是初次见面时，家长从话语中流露出来的对我这个班主任、对班级、对自己孩子的担忧和焦虑，对孩子评价的单一。

三、学生情况

"老师，我们寝室卫生和纪律又扣分了。"

"老师，我不想参加这些活动。"

"老师，我的成绩很烂的！"

……

这是开学第一周，班里学生跟我说得最多的话。习惯不佳、自信心不足、成绩不理想……所有的话语传递的通通是这样的信息。

我们有方向——班级发展目标

当我们的家长、学生，包括老师，都那么迫切地朝着第"1"奔跑时，我们是否可以把"1"横过来变成"一"呢？让我们的学生不是感叹只能看到同学的背影，而是能看到同学的脸，听到同学的呼吸。让我们的学生不单单只有分数的第1，还有其他各方各面的第一，那才是真正的"五育并举"。

班里的学生都认为自己处于"中间"的位置，难道他们不是"中坚"力量吗？何谓"中坚"？古代军队中主帅所在、力量最强的部分，后泛指最坚强并起主要作用的力量。我们的学生何尝不是如此呢？

鉴于此，我把班级发展目标定为：扬长、归真、蜕变。具体表现为：

积极提供平台，学生愿意并敢于展示自己、挑战自己、突破自己、超越自己，真正实现扬其所长。

学生能在图片、视频、文字的纵向和横向回味中，看到真实的自己，看到成长的自己，明确自己的重要性，体会其中的喜悦。

学生能感受自己在高一这一年中的蜕变，树立信心，鼓足勇气，实现持续性成长，朝着更好的自己行进，做一个阳光上进的高中生。

我们有行动——实践做法

我们以图片（照片）、视频、文字为载体，多方位、多角度地呈现学生在校的一点一滴，为其打造一份私人定制资料，让其拥有一份看得到、听得到、感受得到的成长记录，延续成长的美好。

一、身影定格——图片映成长

第一步：定格"校园中的我"。

学生自行选择校园内的某一处场景，班主任为其拍下高中的第一张个人照。

让学生在他们心目中认为的最美的校园一角留下自己的身影，是为了加深他们对学校的认同感和归属感，也是为了引起学生的重视，给他们加上这种仪式感，让他们明确：我是这个校园的一分子。

第二步：定格"××状态下的我"。

学生自主选择自己处于某一状态：或学习、或运动、或投入兴趣爱好、或展现特长等，班主任为其拍下照片。

让学生自主选择处于某一状态，是为了鼓励其以最认真的姿态投入某一件事，并勇敢地将这种姿态呈现出来，这是对其勇气的考验，鼓励学生愿意尝试、敢于尝试，增强其自我认同感。

第三步：展示"最好的我"。

对在各自挑选的场景或状态中拍摄的照片进行选择，挑选最中意的一张进行班级展示，并说明为何选择这张照片，以此激励学生在接下来的学习和生活中用更高的标准要求自己，让自己有更好的表现、更大的进步。

第四步：照片墙呈现"最好"。

在布置教室时提前留出一块"照片墙"的区域，将学生展示的"最好的我"进行打印和展览，供学生和老师欣赏。照片墙中的照片定期进行更换，以此推动"最好的我"进入一个变动机制。

第五步：随时定格身影。

班主任要做一个有心人，随时留下学生精彩的瞬间。每一个场景、每一种投入、每一种品质都值得被重视、被定格，这是一份成长的映射，更是一种品质的延续。

第六步：整理美好。

班主任将照片进行整理，给每一位同学建立一个电子文件夹，并将照片依次放入每一位学生的专属文件夹，作为其成长记录的一部分。

二、开讲一刻——视频促成长

立足班会这块主阵地，把"开讲一刻"作为班会的主抓手，让学生站上讲台，大胆开讲！

第一步：选择话题。

根据学生的具体情况和社会热点，确定开讲的话题：

初三印迹	迈好第一步，走好每一步	习惯与人生
最美的遇见	祖国昌盛　吾辈自强	懂你
如何协调兴趣与学习的关系	心怀梦想　量力而行	我理想的大学
品味细节	自我管理	班级凝聚力
担起人生之责　绽放生命之花	与自己和解	成长比成绩更重要
国风的发展	欧洲建筑	生活冷知识

第二步：确定人员。

第一学期主要是个人开讲，先由学生自主报名，限报 2—3 人，而后是班主任根据平时沟通、观察等确定开讲名单。第二学期则是小组开讲，主要是以寝室为单位进行展示。

第三步：开讲过程。

班主任会对学生开讲的过程进行视频拍摄，动态记录学生的成长，同时，以照片形式静态记录学生的美好。开讲结束后，班主任将视频、照片传给家长、传至家长群，和家长们一起分享这份精彩。

第四步：评价总结。

这是开讲的后续环节，也是至关重要的环节。学生开讲结束后，会先后经历同学点评、家长点评、自我评价和教师评价这四个环节，让学生看到自己的优点，同时也看到自己进步和成长的空间。

"开讲一刻"评价要点

评价项目	评价要点
开讲内容 （35分）	1. 思想内容能紧紧围绕主题，观点正确、鲜明，内容充实具体，生动感人（15分）
	2. 材料真实、典型、新颖，实例生动，反映客观事实，具有普遍意义（10分）
	3. 开讲稿结构严谨，构思巧妙，引人入胜（5分）
	4. 文字简练流畅，具有较强的思想性（5分）
语言表达 （35分）	1. 开讲者语言规范，吐字清晰，声音洪亮圆润（10分）
	2. 开讲表达准确、流畅、自然（10分）
	3. 语速恰当，语气、语调、音量、节奏张弛符合感情的起伏变化，能熟练表达开讲的内容（15分）
形象风度 （15分）	开讲者精神饱满，能较好地运用姿态、动作、手势、表情，表达对开讲稿的理解
综合印象 （5分）	开讲者着装朴素端庄大方，举止自然得体，有风度
开讲效果 （10分）	开讲具有较强的感染力、吸引力和号召力，能较好地与听众感情融合在一起，营造良好的开讲效果；开讲时间控制在5分钟以内

第五步：延续精彩。

每拍摄一段视频，我们都要和上一次的自己进行对比；每拍摄一段视频，我们都要和这一次共同开讲的同学进行对比；每拍摄一段视频，我们都要和未来站在面试官面前的自己进行对比。我们要在这种动态记录中寻找纵向和横向的差异，让每一位同学发现自己的优点和劣势。

第六步：延伸美好。

把开讲的形式延伸至家长团队，邀请家长走进班级的"开讲一刻"，让学生走近爸爸妈妈的职业，走进爸爸妈妈的内心，也让爸爸妈妈体会当初孩子站在台上的那份心情，和孩子一同经历、一同感受。

第七步：珍藏成长。

班主任将开讲的视频依次放进每一位学生专属的文件夹里，作为学生成长记录的其中一部分。

三、每日箴言——文字显成长

第一步：准备箴言本。

学生自行准备一本箴言本，尺寸不要太大，方便随身携带即可。

第二步：明确箴言格式。

要求学生书写的格式为：今天是 × 年 × 月 × 日，我想对自己说……最后署上自己的姓名。

让学生注明日期，是为了让学生有意识地坚持这件事，不仅是让学生监督和提醒自己每天要坚持，也是为了让学生体会坚持的重要和不易。让学生签名则是为了增加仪式感，让学生重视并且认真对待这件事。

第三步：明晰箴言内容。

学生在每天早上或者临睡前或者任何想写箴言的时间点，给自己写一句话，可以是对自己这一天的鼓励，也可以是对自己这一天的总结，还可以是任何想记录的心情或是牢骚。这句话可长可短，无须斟酌用词，真情实感才是关键。

第四步：落实上交制度。

学生定期上交箴言本，由班主任进行检查，但班主任的检查内容只是日期，了解学生的坚持情况，对内容不作任何翻阅，对完成情况更不做任何形式的评价。第一个月为每天上交，后期时间跨度逐渐拉长。

第五步：强化自查制度。

学生每天在写"每日箴言"时，需要对前面的内容进行翻阅，自行检查自己的坚持情况、书写情况，对其中落掉的那一天进行日期的书写，而后在下面打叉，并在该日的右下角注明这是"第几次遗忘"。

第六步：强调注意事项。

这是一项充分考验学生自觉性的任务，如果有一天甚至是几天的"每日箴言"忘记进行记录了，学生不能进行"补写"，明确这是一项不存在"补交"的任务。这是希望学生在做事的过程中加强"落实"意识。

第七步：每月留影。

学生自行建立一个电子文件夹，在月底这一天翻阅这一个月的"每日箴言"，并对自己感触最深的两日留言进行拍照，而后以当日日期为文档名，放进自己的电子文件夹。

四、后续环节

班主任将每一个学生的专属文件夹传给每一位同学，让其将"每日箴言"的留影照放进去，最终完成这份学校给予他们的"私人定制"，让学生自行品味和感悟。同时，传给他们在高二阶段的新班主任，让这个文件夹不断地被填充，因为这是一份看得到、听得到、感受得到的成长，更是一份每一位嘉高人独有的成长印迹。当他们毕业离开嘉高时，他们能带着这份母校为他们准备了三年的专属回忆离开，带着他们独有的成长印迹奔向更远、更好的未来。这是一个个沉甸甸的文件夹，是一份份甜滋滋的私人定制，更是一段段暖融融的嘉高回忆——嘉高人，嘉高魂，嘉高回忆温暖人。

回味这一项项班级管理举措，我更加坚定了嘉高育人者的一份信念：将"嘉木扬长，高德归真"的嘉高教育理念真正落实到行动中，努力做一个智慧型、艺术型、幸福型的嘉高班主任。

2022 年 4 月 14 日

行走在探索路上的教育者

■ 单小芳

个人简介

单小芳，中共党员。1997 年参加工作，担任班主任工作 15 年，湖州市、嘉兴市语文骨干教师，在《语文学习》《教学月刊》《语文教学与研究》《中学语文》《考试周报》《语文周报》《中学语文报》等国家级、省级刊物上发表学科论文 25 篇；12 项市属级、区级课题结题，8 个课题获市属级教科研奖项；主编嘉兴市精品课程教材 3 部；曾获嘉兴市"高质量、高效率"教学能手、教学标兵称号，秀洲区教学能手、学科带头人、名师称号，秀洲区先进工作者、优秀党员、秀育先锋等荣誉。

　　教育是一门慢艺术，它不属于某个阶段，而属于整个人生。历经二十多载教育时光，见过、笑过、迷茫过、释怀过——那段岁月都成了行走在教育路上探索美丽时不一样的路径，体验生活时不一样的诗意。

"活水源流随处满，东风花柳逐时新"

宋代黄山谷说："一日不读书，尘生其中；两日不读书，言语乏味；三日不读书，面目可憎。"读书三日就是三种变化，三种格调，三种格局。语文教学名家曹勇军常以尼采的"精神三变"为喻，告诫学生要像骆驼那样广博吸收，才可能像狮子那样雄视阔步，唯我独尊。作为语文教师，读书更应该是必修课程。

在一次市级同课异构的公开课上，我深深体会着"精神三变"的含义，领会了苏联著名教育家、乌克兰人苏霍姆林斯基所言"教师获得教育素养的主要途径就是读书、读书、再读书"的意义。公开课前一天教研员才布置教学内容为《祝福》第一课时设计。而这篇早有名家、名师经典课堂展示的经典"永远新的旧故事"，要想不落名师窠臼，就必须有自己独到的文本解读，而现在时间如此仓促，该如何创新呢？我头脑中呈现了很多方案，最简单也是最普遍的教学就是从小说三要素着手，通过细读文本的某一个方面来剖析解决一个主问题，如从小说结构着手，赏析小说独特的倒叙方式；从小说场景"祝福"着手，分析人物所处的环境；从人物的命运着手，感知悲剧的震撼；或指导学生从"我的日记""祥林嫂小传""祥林嫂年谱""关于祥林嫂死因调查报告"等角度进行活动体验型探究。想得很多，但总觉得别扭，重复着前人嚼烂的教学是不会出现什么大差错，但这真是"我"想要的教学吗？作为一名有多年教龄的老师，我教学的价值就是成为别人教学的搬运工吗？我就不能有自己的教学特色？小说的教学真的突破不了三要素的魔咒？我怀疑，我想要有"亮点"，于是我找来了许多专业的教学书籍，其中有英国作家 E.M. 福斯特的《小说面面观》、美国作家托马斯·福斯特的《如何阅读一本小说》和美国作家莫提默·J. 艾德勒、查尔斯·范多伦的《如何阅读一本书》，细细地对比着读，慢慢地有点"柳暗花明"的感觉，特别是《如何阅读一本小说》第一条"开篇法则"提到：一部小说的第一页就能告诉你关于这部小说的 18 件事——文体、强调、情绪、措词、视角、叙述的立场、叙述的态度、时间框架、时间的掌控、地点、母题、主题、嘲讽、节奏、步速、期望、人物、导读。那么小说教学也可以从这 18 件事上着手而不必拘泥于三要素。于是我综合后选取了"女性视角"作为解读文本的入口，梳理鲁镇女性个像和群像，根据各个女性的身份、与祥林嫂的关系、对祥林嫂的情感态度进行解读，从而探究出女性生存的现状和悲剧的根源。同期的三堂公开课上，因为选取的教学角度新颖、文本细读挖掘到位，得到了听课老师和教研员极高的评价。

朱永新在《教育的解放》中说："新教育实验强调关注'根本书籍'，即奠定教师精神及学术根基，影响和形成其专业思维方式的经典书籍"，也就是"新教育教师专业发展的'三专'（专业阅读、专业写作、专业发展共同体）项目"中的专业阅读。通过读书，特别是专业阅读，拓宽了我的教学视野，改变了我狭窄的思想方式。于是乎，在春光明媚或冬日暖阳之日，我会撷来一些专业书静静地读，如读北大教授程郁缀《一日看尽长安花》，真是沉迷其中，俯仰山水，清虚心地，荡漾情怀，它明晰地告诉我中国古典诗词的脉络；读鲍鹏山《寂寞圣哲》，与大哲人、大智者零距离接触，了解圣人们如何处理人与社会、个体与他人的关系，如何更好地获取幸福与尊严；读《蒋勋细说红楼梦》和《白先勇细说红楼梦》，在大师不同的解析中去感受"现代性和古典型"的碰撞；读叶嘉莹《人间词话七讲》，让我懂得王国维著名的"境界"说、词与诗的美感特质的区别，它以深入浅出和典雅细腻的文字，破解了王国维感悟式的意象批评的艰涩，使一部不易读懂的书瞬间变得容易了。

专业书的阅读不仅让我获得全新的专业知识，更让我获得教学全新的体验。在平时的教学中，我会自觉不自觉地把阅读中收获的教育理念渗透到课堂中，结合自身的教学实践反复碰撞、磨合，引领着学生向文学深处溯游，逐渐形成自己雅、专、高的教学情境。在这一过程中，我也相应地取得了一些成绩，如获得了嘉兴市"高质量、高效率"教学能手称号、秀洲区高中语文学科名师等；多篇论文在全国中文核心期刊（《语文学习》《教学月刊》《语文教学与研究》）、省级期刊（《中学语文》）上发表；在嘉兴市论文评比中也屡获各类奖项；文学创作曾获省、市、区级各类奖项；主持市属级、区级课题多项，分获二、三等教科研成果奖；主编的三门选修课程获"嘉兴市精品课程"称号；获嘉兴市属班主任基本功大赛综合、分项各一等奖。

"微雨从东来，好风与之俱"

三毛说：读书多了，容颜自然改变，许多时候，自己可能以为许多看过的书籍都成过眼烟云，不复记忆，其实它们仍是潜在的。在气质里，在谈吐上，在胸襟的无涯中，也能显露在生活和文字中。马雅可夫斯基也曾说：一个人的美不在外表，而在才华、气质和品格。作为语文老师，内心丰盈，眼里有光，腹中有书，才有于千万人之中遇见每一个学生的底气和共享的乐趣。

我喜欢在静谧的午后，一缕阳光，一杯清茶，还有一本本书和一群孩子陪伴，在时光的门楣里，看风起云涌，听流年如歌，或悲或喜，或歌或泣。喜欢带着学生一起走进三毛的世界，让她温暖的文字来摆渡我们走向彼岸，抛开尘世的喧嚣，即便不言，亦心有灵犀。

作家司马中原评价三毛说："如果生命是一朵云，它的绚丽，它的光灿，它的变幻和漂流，都是很自然的，只因为它是一朵云。"三毛就是这样，用她云一般的生命，舒展成随心所欲的形象，无论生命的感受，是甜蜜或是悲凄，她都无意矫饰，字里行间，处处是无声的歌吟，我们用心灵可以听见那种歌声，美如天籁。被文明捆绑着的人，多惯于世俗的烦琐，迷失而不自知。读三毛的作品，我们发现一个由生命所创造的世界，像开在荒漠里的繁花，她把生命高高举在尘俗之上，这是需要灵明的智慧和极大的勇气的。读完《撒哈拉的故事》，再读《哭泣的骆驼》《雨季不再来》《梦里花落知多少》，一本又一本，聆听着三毛的天籁，感受着脱尘的灵惠，体会秋天般的心情，触摸不一样的三毛。曾以为《撒哈拉的故事》呆板如沙漠一样荒凉，枯燥如风沙一样苍白，却意想不到平实与自然之间蕴含无限；曾以为《梦里花落知多少》只是絮絮叨叨女子的婚姻生活，酸甜苦辣咸，人生百味而已，却不料展现了一个坚强面对生命的心路历程。三毛从来不刻意去做什么，甚至不刻意追求写作的技巧和风格，在信笔挥洒间，留下深深的情味。读着读着，我和学生心中的那棵"橄榄树"也在三毛的带领下不断地长大、长大——我以一篇《岁月静好，浸默书香——读三毛〈撒哈拉的故事〉有感》参加了浙江省第十一届教师读书征文比赛，以三毛的不刻意之态畅谈了我心中的三毛，并获得一等奖；学生也在各级各类的征文比赛中崭露头角，斩获多个国家级、省级、市级奖项。

在学生高中三年的时光里，在文学的殿堂上，我和学生一起遇见了更多的大师，夏坚勇、白先勇、林清玄、林徽因、张爱玲——他们给予了我文学的养分，增添了我文学的底气，在内化与反刍中，让我有能力去彰显文字的力量，让我有底蕴去引导学生向文学的深处探索。

读书，遇见不卑不亢的人，是人生的一大幸福，因为他能让你拥有独立的人格、自由的思想；遇见正气轩昂的人，是人生的一大境界，因为他能让你胸怀坦荡、光明磊落；遇见特立独行的人，是人生的一大财富，因为他能让你飞得更远更高。《朗读手册》中说："阅读是消灭无知、贫穷与绝望的终极武器，我们要在它们消灭我们之前歼灭它们。"

"露叶既畅茂，烟打渐苍莽"

清代学者金缨《格言联璧·学问》有言：古今来许多世家，无非积德；天地间第一人品，还是读书。读书即未成名。究竟人高品雅，修德不期获报，自然梦稳心安，为善最乐，读书便佳。在书香的熏陶下，我对自己有了更高的要求，特别是担任班主任一职后。

每届学生都有各自的特点和带班的困难，总会碰到学生的误会和家长的不解，曾经苦恼过、悲愤过、气馁过，但诚若海子在《送你一匹马》中所言：心之何如，有似万丈迷津，遥亘千里，其中并无舟子可以渡人，除了自渡，他人爱莫能助。面对与自家孩子相仿的学生，我放下了各种消极情绪，在学生迷茫的时候，我为他指点迷津；在学生情绪低落的时候，我为他点亮心灯；在学生遇到困难时，我伸出热情的双手帮助——一个眼神、一个举动、一句话语，我始终怀着一颗"诗心"去做润泽生命的趣事，怀着一颗"同心"去做滋养生命的乐事，怀着一颗"痴心"去做爱护生命的真事，我坚持做一个点亮学生心灯的人。

高二是高中阶段最难管理的年段，选课迷茫、分班低落，情绪波动大，而我几乎不分昼夜、没有假日地重复做着类似的工作。周六上午与班级几位学困生、特殊家庭学生、近阶段情绪异常学生的家长取得联系，安排家访事宜，周日上午7：00出发分别奔赴各家，与家长、学生一起摆现状、找原因、析根源、建信心、对策略、拟措施，几个家庭跑下来已是华灯初上；晚上7：00—10：00与家长反馈家访后孩子的变化，我不停地回复信息，鼓励、表扬、激励孩子，并与家长约定"双重关注与教育引导"策略；晚上 11：50 电话响起，家长咨询"七选三"选课事宜，一直咨询至 12：30，这就是我的周末。周一上午 6：50 前已在班级看学生到班和早读情况，一直工作到晚上 10：20 看完学生就寝才回家；周二至周六大体也如此。早六晚十，周而复始。有人问我："你天天这么累死累活，值吗？"我说："值与不值都在人心，我做的也是很多老师一直在默默做的事情，我只是想用细心、耐心、爱心，让学生、家长感受到教育的温暖和情怀，只要无愧于学生、无愧于家长、无愧于自己就值。"

我秉承嘉高"爱校奉献、务实责任、追求卓越"的精神，用心呵护学生，挖掘孩子潜能；多元"经营"班级，创建"向阳"家园；时时参省乎己，坚守本真情怀，努力朝着做一个思想道德高尚的人、纯粹的人、专业的人而奋斗。

2022 年 6 月 18 日于秀湖

用我丹心一片　培植桃李满园

■ 朱　惠

个人简介

朱惠，大学本科学历，2002 年至今任职于嘉兴高级中学。语文学科高级教师，曾获嘉兴市本级专业能力测试一等奖，被评为秀洲区第一届最美教师、嘉兴市优秀班主任。信奉爱的力量，坚守教育理想，创设"和雅"班级特色文化。所带的班级团支部获市活力团支部、区优秀团支部等称号。

　　诗意的人生，一定要爱着点什么，恰似草木对光阴的钟情，农人对土地的痴迷。在嘉高这片温厚的黑土地上，我也开辟着一方小小的园子——香兰雅苑，像父辈一样播种洒水、培土施肥、驱虫摘果，默默耕耘，也已有二十载。回首这一路的诸多故事，爱的传递，永远是最让我动容的，这里的每一个我们，互相给予、互相宽慰、互相鼓劲，每一个旋律都是那么独特，一起谱成我们共同的歌……

这里，"赤心"木语

二十年来，无论多少次换办公室，我的书桌里永远不变地存放着我的毕业自荐书：封面上，一位女孩，怀抱着书本，眺望着远方的参天大树，边上写着："每个人都在追求自己的人生价值，然而生命有限，教育却能使生命在学生身上延续，所以我选择了她……"这份自荐书一直陪伴着我，让我始终记得我出发时的声音……2014年，秀洲区教文体局举办"美丽青春、教育梦想"主题教育演讲比赛，这个主题深深地攥住了我的心，在嘉高奋斗了十余年，我对教育有了更全面的认识，也有了更热爱的情怀，我想去和同仁们交流彼此的教育梦想！

以下是我在2014年参加秀洲区教文体局举办的"美丽青春、教育梦想"主题教育演讲的比赛稿：

各位评委，老师，大家上午好！今天非常荣幸能有这样一次机会认识大家，介绍自己。我是来自嘉兴高级中学的朱惠。《说文解字》中"朱"是赤心木，"惠"是专心也。我就是这样一位对教育充满赤诚心和专注心的教师。

从小到大我就特别爱美，买条花裙子，买双红皮鞋，那是我儿时对美的本能的渴望；当我选择职业时，我发现纯真无邪的孩子是最美的，于是我选择了教育；今天当我将步入不惑时，我才真正参悟到生命的成长是世间最美的风景！

6月中旬我在浙大阅卷。走在浙大的校园里，看着一张张阳光自信、朝气蓬勃的笑脸，嗅着他们身上浓郁的学术气息，想象着他们走向社会成为各行各业的领头雁和拓荒牛，我被他们昂扬的生命姿态深深地吸引，我暗暗下决心：我要培养更多的学生进入高等学府，去修炼自我，去探索未知，去创造文明！

阅卷归来，我收到了刚高考完的学生的一封感谢信。其中两段是：

"以前我对学习很散漫，对未来没有什么方向，但您对学习意义的解读，让我在一段时间的高中学习后，深有体会，并渐渐乐于其中。""作为班主任，您不仅照顾到了我们生活的方方面面，还对我们的人生观、价值观产生了莫大的影响。以前我的眼界很小，只看到自己、家人和朋友，对未来的希望也只是过上安逸的生活。'人最有意义的存在就是对社会的贡献'，一语点醒梦中人，于是我的心中开始萌生大情怀，如对国家和人民的爱。虽然个人的力量很微弱，但我仍想像您一样，为这个社会做出哪怕微如毫毛的贡献。"

这是生命成长的声音，这就是教育的神奇力量！我常常感怀：生命的拔节成长是世间最美的风景，那是傲立的黄山松不能比的；学生感恩的声音是世间最动听的声音，那是黄鹂的歌唱无法媲美的！我也常常庆幸我从事了世间最美的职业：唤醒、鼓舞、成全生命成长的职业！

教育的伟大在于她培养的是人才，因此我常常敬畏她，虔诚地培植着生命的成长：当学生怀疑学习的意义时，我带领他们见识美国社会心理学家马斯洛需求层次理论：认知需求、审美需求、自我实现需求是人的最高需求！当学生迷失在电视和游戏中时，我和他们一起触摸文字的脉动，去与莎士比亚为友，与高雅志趣为友，与正义真理为友；当学生斤斤计较患得患失时，我和他们一起走进邓飞的世界，去领略"停止抱怨，用行动改变中国"的博爱情怀！

寒来暑往，风雨兼程，不曾停歇。因为心中回响着永恒的旋律："少年智则国智，少年强则国强……少年雄于地球，则国雄于地球。美哉我少年中国，与天不老！壮哉我中国少年，与国无疆！"

一个国家的文明是由一个个人创造的，一个个人的发展是由教育来培养的，只有一个国家能够拥有乐于探索、勇于担当的教育者，拥有学而不厌、诲人不倦的教育者，拥有不计个人得失、无私奉献的教育者，拥有明知这片土地不完美，但仍不言放弃的教育者，那么我们就有理由相信：我们培植的幼苗终将"沐十二年风雨"成"国家栋梁"，我们的民族必将迎来伟大的复兴，让世界惊叹！

我是来自嘉兴高级中学的朱惠，"赤心木""专心也"，我将用我丹心一片，培植桃李满园！谢谢大家！

这一次教育演讲，得到了评委和老师们的一致肯定和赞许，荣获一等奖；更可喜的是，这次比赛让我见识了教育园地里那么多优秀的教师对教育的真知灼见，由此开启了我在教育上的新征程：对教育要有更清晰而深刻的认识，对教育要有更诚挚而壮阔的情怀……

那里，灯火荧荧

教育正如农民耕作一般，阐释着最朴素的道理："种瓜得瓜，种豆得豆。"在披星戴月的日夜耕作中，在一届届学生的迎来送往中，彼此再也割舍不了那份情缘：温暖、尊重和信仰……沈某某，2014级的一位普通学生，她和部分学生一样，在中考落败的阴影中垂头丧气地走进嘉高，而就在和老师见面的头两个小时中，热泪滚下了脸颊……

以下是沈某某同学在嘉高的第二个学期写给我的一段话：

不知不觉又到了春天。

经过寒冷的考验和雨水的冲刷，心中才渐渐凝聚起一瓣恒久的心香。伴着鲜花和泪水，从黑夜里水岸边的薄雾到黎明花丛中静静绽放的凌霄，在思考中，我也踏上了这片土地。

每年校园的这个季节总是不同寻常的。清晨，我时常在安静地等待，固执地坚守在这个角落，期盼着黎明第一束最澄澈、最鲜泽的光线。我想我成功了，我看到了她。

仿佛是晨曦中一枝摇曳的蔷薇，仿佛是清池中一株高洁的水仙：淡雅、脱俗。她静静地，静静地走来。没有粉彩装饰，没有艳妆于身，有的只是一身素雅，以及手上一块小小的表。她微微一笑，静若秋水的眸子散发出温柔的光，照在你脸上，除去了一切浑浊与阴霾。内心被极度震撼了，她就是那位自己渴望的人，那位引导自己拨开迷雾走向黎明的导师？

无法自拔地沉入她的课堂，惊喜地发现，原来文字的最深处是如此博大的世界：为大仁大义从容赴死的文天祥，胸襟博大举盏高吟的苏东坡，心系民族性情孤高的朱自清，都如此生动地展现在眼前。她时而低头沉思，时而仰头高声诵读，讲到最激动处，竟能手一拍，眼睛里流露出最真挚深刻的神采，连连赞叹。她不求名利，只为向学生展示书中最美的世界，只为教给学生如何学习，以及学习最纯粹的目的。这时，一方讲台便是神坛，那里，焕发着来自知识所赐予的最高荣耀，渗入台下每一双渴求知识的灵动的眼中。那时，我的心中，灯火荧荧。

她曾说过："真正使人充盈的，是书籍中知识的伟大力量，它带给人灵魂的快乐。与它相比，其他任何一种消遣的娱乐都是肤浅的麻木。"多么深刻而又警醒人的思想！多么想用高尔基的话来形容：在她来之前，我仿佛是躲在黑暗中睡觉。但她一出现，就把我叫醒了，把我领到光明的地方，是她那对世界无私的爱丰富了我。犹记得，她常为犯错的学生流泪，一滴滴、一滴滴，从那担忧的眸中滴落，掷地有声，击响了一方讲台，也击响了台下学生的心；犹记得，她时常一人点灯独坐办公室工作，日日夜夜、风雨无阻，因为她相信：为人师就是如此，把最深切的情怀赋予给学生，为学生点明前进的方向，便是无量的幸福；犹记得，她一遍遍地叮咛学生在节日来临之际把祝福送给别的老师，只为让学生学会感恩，只为让爱播撒得更远……那时，我的心中，灯火荧荧。

又是一年春天来临，只是静静地想：此时此刻，校园的一角，是否还有一处明媚的灯光柔柔地亮着，是否还有一位老师在默默地埋头整理教案，是否还有许多学生正在心头深切地感恩感怀着这位老师？

又是一年四月，校园的枝头不断泛青，透着无限生机，而校园里的我，也将在这惊蛰谷雨间萌发的春，选择勇敢地蜕变，向着未知，一直前行。

花落，花开。年年岁岁，岁岁年年。

相信，无论何时，只要我一回头，那里——

便是灯火荧荧。

沈某某，从嘉高起步，待羽翼丰满，飞向了更广阔的天空。她在美国密歇根大学读研期间，不忘在教师节通过嘉兴八佰伴的大屏幕向嘉高老师致敬和感恩……嘉高的学生们，和她一样，从嘉高启航，不论身处何地，走向何方，他们的心中永远亮着一盏嘉高的灯火……

嘉高，师优则名

当校长们一次次动情地说道，嘉高是老百姓"有钱的出钱，有力的出力"建起来的时候，我们青年教师渐渐地理解了"办人民满意的教育"的深意。于是，无论风雨，不分日夜，在学生的心田间精耕细作，在家校互通中寻找育人的智慧……

以下是2014级的一位家长在孩子进入嘉高一个学期，近距离感受到嘉高教师的风采后，写给学校的感谢信。

尊敬的校长：

您好！值此新春佳节来临之际，祝您及全体嘉高人身体健康，羊年吉祥，万事如意！

一直想提笔写下自己走进嘉高的感受，假期终于落笔。

非常有幸，我们与嘉高结缘，非常有幸孩子如愿进入高一（十）班。

高一（十）班，这是一个优秀卓越的团队。领头雁朱惠老师，是我遇见的最认真、最负责、最无私奉献的好老师。

一个学期来，朱老师每天15个小时的悉心陪护，每个周末无怨无悔的陪伴，每次家长会的用心准备、用心交流，她细心而执着，那份敬业与坚守令我们折服敬佩，那种执着与奉献的精神令我震撼，深深感动。

一个学期来，朱老师发给我们家长143条短信，殷殷嘱咐、切切叮咛，告知我们孩子成长的过程不仅是学业的进步，更重要的是品质的培养，是做人。我们也在这个过程中与孩子一起成长着，也许这就是优秀教师人格的魅力、优秀教育的影响力。

有人说：一个好校长就是一所好学校。的确，一个好班主任、一个好的教师团队带出一个优秀的班级。我个人认为，这就是嘉高的品牌。

一个学期来，我感受到了嘉高的文化在老师们的身上显现。我家孩子从一开始排斥化学，到如今慢慢喜欢上了化学，那是张茜老师不急不躁、幽默引领；孩子学习上有时钻牛角尖，有不懂的就追问请教数学薛老师、物理姚老师、英语朱老师、生物周老师等等，他们亲切平和，总是不厌其烦地耐心解答，而且有策略地引导他深入思考。好老师影响、促动并激发孩子努力向上的力量。

一个学期来，十班的每位老师尽心尽责，每个孩子的成长、点点滴滴的进步中都融入了十班每位老师的倾情付出。正因为他们团队协作，拧成一股绳，期末统考各科取得了优异的成绩，那是多么不容易，多么了不起！

真诚地感谢朱老师，感谢十班所有的老师，感谢你们的辛勤付出与悉心教导。借此，感谢赵云霞老师，因偶然电话的咨询，因她热心的推荐，让我们坚定了选择嘉高的信心，嘉高还有许多亲切热情的老师，只是我们未曾谋面、不曾相识。

高中三年，正是学生人生观、价值观和世界观奠定的关键阶段。希望每个孩子在嘉高正德、育才、立人培养目标的指引下，在嘉高勤勉好学文化的浸润下茁壮成长！

无论孩子三年后学业是否有成，未来是否一帆风顺，当他们离开嘉高，相信有一种精神与力量永远伴随，有一种情结与眷恋始终难舍。

富是物质，贵是精神。教师清贫但尊贵，德高堪为师；学校简陋但珍贵，师优堪有名。

金杯银杯也不如家长与社会良好的口碑。嘉高是一所好学校，祝愿嘉高越办越好，祝愿嘉高学子努力学习，天天向上！

当家长给学校写来感谢信时，当家委会代表所有家长给学校送来锦旗时，当家长们说起嘉高连连称赞时……我们的任课老师、嘉高的所有老师都可以自豪地说，我们用自己的事业心、专业力，践行了嘉高办学的宗旨：办人民满意的教育！

小小一方香兰雅苑，有学子的勤勉，有师者的辛劳，有家长的助力，也有家的温情，梦想的热望……在这里奋斗的青春岁月，深深地镌刻在每一个人不朽的记忆里，纯粹、炽热、令人眷恋。这里的温婉感性，可以解一辈子的苦寒；这里的睿智理性，可以澄澈人生的浊秽；这里曾怀的大气象，会让人高大起来……汪曾祺曾言，一定要爱着点什么，它让我们变得坚韧、宽容、充盈。那么就让我、我们像农人爱着土地般，在规律中劳作，在四时里思考，在因果中敬畏，孩子们也将从我们身上，看到自己，读懂众生，了悟行走……

2022 年 7 月 4 日

润泽"生命"，我们一直在路上

■ 杨兴美

个人简介

杨兴美，毕业于暨南大学，一级教师，秀洲区第十五批、十七批教学能手。在嘉兴市本级专题培训活动中执教公开课 2 次，获得嘉兴市本级优质课一等奖，撰写论文 20 多篇，主持市属课题，获区教师文学创作大赛优秀奖；在班主任育人工作上，获市班主任教育擂台赛一等奖。始终秉持"生命化教育理念"，期待用充满爱的教育影响每一个相遇到的生命，使他们的生命更加丰盈。

在《生命化教育的责任与梦想》一书中，我认识了"生命化教育"理念，内心涌出久违与亲切之情。"生命化教育"理念正契合了我对教育的思考，它是对"关注学生主体地位""倡导教育中的人文情怀"等教育理念的准确概括，高屋建瓴地实现了对教育的定位。

"生命化教育"理念的提出给人内心的震撼，因为它把"生命"于教育的意义放在了重要位置，并以此来思考教育的所有问题。

生命，每个人只享有一次机会，如何正视生命，理解生命，进而用心经营生命可以说是每个人必须面对的问题。而在教育这一领域里，"生命"，毋庸置疑，更是灵魂。

黄克剑教授指出，"所谓教育，就是受教者在施教者的指导下，自主地对自我生命和个性的'成全'。"张文质教授提出，"对生命的遗忘是教育最大的悲哀，对生命的漠视是教育最大的失职与不幸""生命具有唯一性，敬畏生命是教育的伦理起点，也是教育的价值皈依""关注生命、尊重生命是教育的第一要义"。"生命化教育"理念是教育之河的源头活水。

"生命化教育"，以关注人的"生命"为第一要义，表现为对人"精神成长"的重视，所以，它倡导教育是"慢"的艺术。"生命化教育"理念触发了我们内心对教育的温暖情愫，激发着我们对教育美好未来的渴盼。

在教育路上，我们所走的每一步，都是对"生命"的经营，播种，浇灌，施肥，犹如培育一株幼苗，用爱守望着它一点一点地成长。

是"问题"，还是"闪光点"？

教育是一门艺术，"艺术"是具有审美性的。很多时候，美的东西并不是直接可观可感，它需要我们用欣赏的视角去探寻，用充满温情的内心去体会。当"欣赏视角"与"温情内心"指引我们的教育步履时，"美"便慢慢呈现。

曾经，小陈同学的那句"我没交作业，我不想抄"启示着我践行"教育是门'艺术'"这一思想的重要意义。

那是一次当堂作业，我安排学生当堂完成《为政以德》的文本知识检测练习，这份练习是侧重字词解释及文本翻译的，当下发练习时，有一些同学有些怨言，觉得做起来很费力气。我便跟大家说，《论语》复习首要是文本知识要夯实，与其到时做题一头雾水，不如现在踏踏实实把基础知识落实好。听我说完后，教室里渐渐安静下来，同学们陆陆续续完成了作业。下课前，我清点了下作业，发现有三位同学还没交，于是，我便去了解这三位同学的情况。其中两位同学说课堂时间紧，她们会课后尽快做好上交。当我向陈同学了解情况时，他表现得一脸烦躁，先说"不知怎么写"，当我问"是因为没复习到位做不出来吗"，他又说"不想写，没意思"。当时，我在心底告诉自己：不要急，要了解清楚情况。于是，我又继续问他"为什么没意思呢？"他说"都是抄的，觉得没意思"，我便说"为什么要抄？你不要抄，要自己做呀！"他说"是别人都在抄"。到这时，我才慢慢听懂，他是觉得有同学在看书，他心里有意见，便干脆放弃做这项作业。

我当时想："有同学看书了，这应该是真的，但不是所有同学都看书了；再者，别人看书能是你放弃做作业的理由吗？"这两个问题不给陈同学讲清楚，估计他心里仍有疙瘩，而且还会觉得自己所做的是对的。于是，我问班里同学，没有看书的同学举手，当时便有二十几位同学举手。我便给陈同学说："你看，他们没有抄。"陈同学的情绪稍有缓和。我又对同学们说："举手同学对自己有很高的要求，没举手的同学也很诚实，可能你们有些题看书了。上课时老师给大家强调了基础知识的重要性，学习不能嫌麻烦，这份作业就应该静下心来做。但若你想偷懒，老师不能再装个眼睛盯着你。这是一件检测自律性的事情。我希望大家能提高对自己的要求，不要翻书看答案。要把每一次练习当作查找知识漏洞、提升能力的机会。"然后，我又对陈同学说："你不想翻书，我觉得你做得很对，我很欣赏你的态度，大有'宁可玉碎不为瓦全'的气概嘛。不过，你是不是得想想这个'玉碎'妥不妥？你现在面对的是'学习'，因为置气而弃学习于不顾，这对吗？另外，一个人对自己要求多高，归根结底还是对自己作纵向分析，不断超越之前的自己，做越来越好的自己，而不是横向地看别人怎样怎样。你说呢？"这时，我看到陈同学的表情变了，不再是先前一副无所谓、烦躁的表情，脸上有了一丝轻松，还有些尴尬。我又对他说："现在高三刚刚开始，我们要静下心来，找到自己的不足之处，一点点去解决这些问题，竭尽全力，不留遗憾。"听我说到这儿，陈同学脸上已慢慢有了微笑，他说会把作业做完补交上。

这件事情，上面的所有场景都发生在全班同学面前，一开始，除了能直观感受到陈同学的焦躁不满外，我还能感受到班级其他同学的忐忑不安。当事情解决后，班级的紧张气氛终于松弛下来。从这件事情，我看到了陈同学具有很强的"原则性"，更具有表达自我想法、用"原则"

规范自我行动的勇气，这些，都很让人钦佩。不过，陈同学在平衡感性和理性上做得还不够好，任感性而为就会让事情走向不好的方面，这正是需要我们老师积极引导的。这场和陈同学的对话也同样适用于其他同学，我既想告诉其他同学陈同学不交作业的真正原因，又想借这个"原因分析"启示同学们该如何调整心态做出正确的行为决策。学生着急的时候，教师不能着急；学生莽撞的时候，教师不能莽撞；学生任性的时候，教师不能任性。

用冷静而理性的分析，用欣赏的视角，用温情的内心去发现问题，去解决问题，去寻找"闪光点"，去营造美好。

教育的"艺术美"，可以在一件件小事里，那些一点一滴对"美"的经营，最终会汇聚成教育的无限力量。

一天一天，经营"美好"

回顾走过的路，我们可以汲取经验，总结教训，教育之路更是如此。那些成为过往的、和学生相处的每一段经历，都是教育之路上的宝贵财富，它启示我们不断思考教育是什么，教育该从哪里开始，教育该往哪里去。每一个教育路上的"脚印"都应被珍视，每一段教育路上的"记忆"都应被珍藏。

我有记录"脚印"的习惯，那段 2021 年的记忆，每每打开，都会让我有无限感慨……

记忆空间：一天一天，记录小馨的成长

7月，接手小馨所在的班级。从班主任老师那里得知小馨没有参加期末考试，原因是小馨认为自己学习状态不好。

暑假，线上课堂，20天里，小馨有19天都没有提交作业。

9月7日　开学考试，小馨几乎没做试卷，作文只得了5分。下午和小馨交流，了解考试情况，小馨说自己无法在考场上集中精力。我安慰鼓励她，当我问小馨"完成作文有困难吗"，她的回答是"没困难，轻轻松松"。在交流中，我能感受到小馨是挺积极乐观的，她很想把学习成绩提升上去。

9月10日　收到小馨的教师节礼物——一盒巧克力和一张贺卡。虽然我刚刚接手这个班级，虽然我才和小馨正面接触一次，但她的暖心让我很受感动。"小馨的成长，我应该尽我所能多做些什么。"我当时这样想。

9月15日　班主任告诉我，昨天傍晚小馨问她语文作业是什么。班主任还半开玩笑说，这还是头一次见她对学习这么上心。

9月16日　通过开学两周的观察了解，我发现小馨的语文基础不差，文字表达能力也很不错，分析问题有自己的独立思考。她的问题主要在于目标意识不强，自律性不好。有不少事情，她心里很想做好，但行动力不强。于是，我给小馨说每天下午3:05到办公室找我，问问题或聊天都可以，我问她能不能接受，她很开心地说"可以"。我能带着她走多远呢？当时的我并不知道，我知道的是，就目前来说，多一些陪伴，多一些适时的引导，可以帮助小馨激发学习的热情，增强自我成长的意愿。

9月17日　小馨准时到办公室，她完成了昨天布置的作业，我们就作业进行了交流。

9月18日　早上，语文早读课，我看到小馨在教室外的走廊上背书，她看到我，笑了笑。下午小馨准时到办公室，精神状态非常好，主动提出当晚回家默写《氓》，还会让家长签好字。由于第二天是周六，我们便把约定时间改到周六早上第一节课后。

9月19日　周六，7:40后，小馨如约来到办公室，默写《氓》后四段，全对，有家长签字。

9月21日　小馨如约而至。小馨把周末我给她布置的整理虚词"而"的作业带了过来。从交流情况来看，她对"而"的知识掌握得还是可以的，在"表承接"和"表修饰"上存在混淆的问题，我给她做了讲解，并给她布置了继续找10个有关"而"的句子作为课后作业。

9月22日　小馨如约而至。我们约定，如果10月第一次调研考，作文能够写完，我便请她吃饭。小馨很是兴奋。

接下来的一周，我们每天相约。令人期待和愉悦的3:05，也成为我美好的记忆。

9月30日　我跟小馨说，国庆作文她可以根据自己的能力酌情去做，不求量但求质。我跟她说返校后考试别忘了我们的约定，她开心地说："记着呢，不会忘。"

10月5日　上午考语文，语文考前我并未去教室找小馨，其实也想看看她记不记得我们的约定。语文考试结束，小馨来到我办公室，当时我没在，她让其他老师转告我"她作文写完了！！"凑巧，我回来时正好又遇到了她，她告诉我，她整张试卷都完成了。我很意外！我说没想到你能把整张试卷都完成，太优秀了！（之前多次考试，小馨的卷子几乎都是空白）小馨跟我说的时候，我看到她的脸由于兴奋而涨得通红，开心极了。中午，在教工餐厅，我请小馨吃饭，她显得很拘谨，我们闲聊了些话。吃完饭，她连说感谢。我和她约定，要继续加油，她猛点头，很笃定。

10 月 8 日　成绩出来，小馨考了 92 分，她很开心，所有老师都为她感到开心。

10 月 9 日　小馨如约而至，我给她分析了试卷，大阅读和默写失分严重；布置了下周一的任务：整理"赏析语言的艺术手法"和默写《长亭送别》。

10 月 27 日　最近在复习文言文，小馨的文言文基础还是很不错的。今天课上提问了她，她有些走神，一时反应不过来怎么回答。我便让她先坐下，告诉她等会儿再叫她。过了一会儿，我叫她，她回答得很好。后面的几节课，我经常提问她，希望以此带动她在课堂上的积极性。

11 月 3 日　小馨一如既往每天到办公室报到，近期在抽查《赤壁赋》，2 日抽查最后一段，好几个都没答出来，她很不甘心地说："不行，我得再看，绝不能再错！"这份不甘心让我挺欣赏她。课上，小馨的学习状态不是很稳定，容易走神。

这一周进行了各科测试，小馨没有完成试卷，她很沮丧。

11 月 11 日　小馨来我这儿，我和她聊了很长时间，慢慢地，她告

使命与

奉献——嘉高教坛星光璀璨

诉我考试时她会紧张，越是在考场那种安静的环境，她就越会有紧张的压力。我建议她在教室走廊外、操场等人员密集的地方看书，锻炼自己适应外界干扰的能力。她说愿意去试一试。

11月12日　小馨告诉我，她觉得这个方式挺好的，在走廊上、操场上，她还是可以专心看自己的书的。我鼓励她继续坚持，挑战自己。我还建议她周末去图书馆看书学习。

11月13日　小馨周末去图书馆看书。

11月14日　我给小馨买了两本课堂笔记。

11月15日　我把笔记本送给小馨，告诉她要学会做笔记，好记性不如烂笔头，希望她把这两本课堂笔记充分利用起来。小馨的微笑留在了我的记忆里。

……

记录的"脚印"依旧向前，那过往的一天、一天，都没有随风而逝，而是化为了我心中的美丽云彩。对于小馨而言呢？我不是很清楚。但我可以确切感受到的是，她来找我的每一次，她的心中都有快乐。每一天的下午3:05，我看到的都是兴冲冲跑过来的小馨，是略显拘谨但又渴望分享心中所想的小馨，我脑海中留下的都是诚恳又笃定的对自己满是期待的小馨。我给小馨讲了多少知识好像并不是那么重要了，她那源自内心的微笑更富有深意。

年后，小馨没有返校，后来我得知，小馨在学期结束后还是选择了暂时休学。我联系了她，她告诉我希望自己再调整调整。我鼓励她要相信自己，告诉她，她在我的心中有太多令我欣赏的地方，我希望她能把这些闪光的地方继续保持下去。

一年后，从其他老师那里听说小馨返校了，我心里很为她开心，也特别期待能再见到她。

有一天，我的桌上放了一束花和一张贺卡，同事告诉我，是小馨送的。那天，又是教师节。

美好，一定会继续……

我相信。

在文字交流中让我们更走近一步

对教师而言，每天都是崭新的。走进校园，我们获取的不单是知识，更有一个个独特的，值得自己珍藏、回味的师生故事。这故事，或大或小，或令人欣喜非常，抑或让人愁肠百结，每一次体验，都将成为我们毕生的财富，如果说"存在即合理"，那么这一份份厚重的情感则是"拥有即是幸福"。

在我的"故事书"中感触很深的应该是通过文字交流走近学生的内心，而学生也通过文字慢慢地向老师倾诉心情，在这个无声而又极具力量的文字世界中，我非常欣喜地看到有那么多的学生因它而变得快乐，变得更加坚强。

就让我选择两个小故事谈谈这种收获：

班里曾有一位女同学成绩不理想，尤其是英语，有时考试成绩会落后于班级平均分 40 分。在高一的下学期，她苦下功夫，学习刻苦之程度令老师同学为之感动。作为她的班主任，我感受到了她内心那种笃定的精神。有一次在随笔中她总结了上一学期的学习状况，也制订了这一学期的计划。在结尾，她写道："这几日来，我获得的是充足与快乐，我讨厌自己犯困，我会让后排的同学掐我。希望大家都能监督我，帮助我，严格要求我。我最薄弱的意志力在考验着我。"另外，还附着这样两行字："零散的文字，不算是作文，权当是自白书吧，没什么文学内容，至少是我的心里话。一切的一切只为雪耻！"

当我看到这段文字时，说实话，心里挺感动的，因为这位同学的性格很开朗，属于那种大大咧咧类型的，不足之处是学习上专注度不高，对自己的要求不严格，缺少持之以恒的精神。她能够在随笔里如此坚定地写下这些文字，我想她的心里一定有一股韧劲，而这股韧劲足以鞭策她勇敢地向困难挑战。我给她写了这样一些话："看到这篇随笔，我的心中也充满着感动。人生充满挑战，而根本的挑战其实是我们自己。现在，你意识到并决心向自己挑战，真的很让人钦佩！开学以来，不只是同学，有好几位老师也向我反映你的学习劲头很大，他们都为你高兴。努力吧！不要怕苦、怕累，当你走过这段时间，你会感谢所有的付出。老师会一直为你加油！"

这样的交流有很多次，有时候我们也会面对面地聊天，而我想要告诉她的就是相信自己，并且坚持做好自己。这位同学的英语成绩在稳步提高，虽然她的成绩在班级中还不够好，但她一直在努力，也一直在进步，而这种进步已经不能单纯地以成绩去衡量，她在战胜自我上的进步意义非凡。三年后，她如愿考取了南京师范大学。

一如她平日里总是哈哈大笑的样子，当她收到录取通知书的时候，她跟我说，她非常开心，她为自己感到骄傲。

另一位同学十分聪明，但成绩起伏很大，学习的定力不够。刚入学时十分散漫，认为很多事情都无所谓，没有明确的价值判断。但是，经过一个学期的学习生活，他有了很大转变，课堂上能够认真回答问题，学习上认真了很多。

在随笔《平凡》中，他这样写："终于有一天，我突然发现了什么，平时我看不到的东西，同学间互相鼓励的眼神，老师悉心教导的背影，指导同学迷途知返。还有，坚定不移的，我们的梦想。人因梦想而美丽，追逐梦想的人会拥有无限的动力和勇气，有了梦想，仿佛有了一切。平凡的生活依旧平淡无奇，却有一个闪光的地方指引了我的方向。""也许，从前我对生活过于冷淡，从没有刻意地追求过什么。那么，我要在这短暂的人生中拥抱每一刻。让所有的快乐、努力、伤心、成功都在脑中永远定格，成为人生中最宝贵的财富。"

我给他写了这样的话："你现在的心态和看待问题的态度都令老师感到欣慰。回想你刚入学时的情景，我觉得你变得成熟了，更能客观看待事物了。平凡亦是一种难得的享受，因为它总是蕴含着最普通却真实的情感。好好珍惜每一天，当你踏入梦想之门时，你会感叹今天所走的每一步。""你的想法说明你更长大了，更成熟了。要想留住记忆，唯有好好把握所走的每一天，老师会一直为你祝福。"

慢慢地，我看到他的言行中少了许多的无所谓，多的是认真的思考和脚踏实地的行动，我真为他感到高兴。

交流，让我们彼此摒弃成见，让我们慢慢拆开师生间那一层层无形的"墙"，我们走得更近了，我们看得更清了，我们感受得更亲切了。

我和学生的故事，在这本故事书中，文字的"交流"尤其值得咀嚼回味。时光流逝，情感永存，感谢文字的力量，它让我们师生共同成长！

教育是"慢"的艺术，认知、感悟、体验、经营生命，是"生命化教育"必须经历的阶段，而这几个阶段正是对生命的理解由浅入深的过程。要走好这一路程，会面临很多的困难，但这值得我们付出，它将证明我们作为教育者的价值，更将为我们点亮前行的路。

"授受知识，开启智慧，润泽生命"，践行"生命化教育"理念，做倔强的"开垦者"，我们任重道远！

2022 年 6 月 10 日

嘉高，成长乐土

■ 施玲丽

个人简介

施玲丽，嘉兴高级中学语文
教师。曾荣获嘉兴市属五年
内青年教师课堂教学一等奖、
嘉兴市教学论文评比二等奖，
主持嘉兴市属微课题，主编
嘉兴市属精品选修课程《语
林探秘》。荣获秀洲区第十七批教学能手、秀洲区教育系统先
进工作者、优秀党员志愿者等称号，获嘉兴高级中学教学优胜
奖，获嘉兴高级中学先进工作者和最美教师等荣誉称号。

2014 年的初春，还是春寒料峭的时节，我拉着大大的行李箱，坐
着绿皮火车，从金华回到嘉兴，开始了我的见习生活，也开启了我的教
师职业生涯。

说是"回到"，实际上"嘉兴"对我来说并不是个熟悉的城市。大学七年，它是家乡的代名词，但我甚至从未到此一游。及至我第一次站在"嘉兴高级中学"几个大字前，这个陌生又亲切的地方前所未有地真实，而这个朴实的校园，对于一个初出茅庐的年轻人来说，承载着对未来所有的美好想象。

进入嘉高，现在想来竟然已经有八年了，真是倏忽而逝。然而这几年间的种种却历历在目，特别是前辈们给予我的帮助及他们的身体力行带给我的震撼，让我至今常常回想深思，成为了我现在工作中的一大精神动力源，也成了我走出困境的法宝库。

还记得见习的半年，学校先是将我的办公桌安排在了翟景梅老师和邢川老师两位年级主任的办公室，后来又换到了语文办公室。那时，承蒙各位老师的帮助，我常常能去老师们的课堂上听课学习。至今还记得娄老师讲《烛之武退秦师》时的精彩绝伦，下课铃声响，学生喊"还要继续"；严老师给学生讲作文，以"柳叶刀"为喻讲描写要符合人物的特点，学生恍然大悟，目光灼灼，犹如被点亮一盏盏明灯；单老师带着学生细读文本，从鲁四老爷的书房里，读出了鲁四老爷其人，学生在文字里发现了玄机；翟老师每节课都会让学生先进行课前演讲，演讲的主题就像是一座座灯塔，引导学生在成长的航行中勇敢前行，累积精神的力量。清晨，老师们总会很早就在教室等候学生到来；晚自习，办公楼灯火通明，照亮黑夜，也照亮嘉高学生前行的路。这段职业生涯的"启蒙"阶段，我见证了嘉高老师们是如何兢兢业业对待工作，又是如何以一片赤诚之心对待学生的。我对嘉高的热爱，正是从这一阶段所见证的热爱开始的。

踏上工作岗位，学校为我们每一名新老师安排了两位"师傅"，我的教学师傅是语文教研组组长赵云霞老师，班主任师傅则是王进峰老师，两位师傅在我的成长过程中给予了莫大的帮助。成为赵老师的徒弟，能经常听赵老师的课，这真是一种享受。你永远想不到，赵老师会用怎样的巧妙方式带你进入课文，比如引入《江南的冬景》的竟是她曾到过的严子陵钓台，导入《听听那冷雨》的竟然是赵老师自己的名字。你也想不到，每天的课前演讲中，被激发的学生会讲些什么，或许是一本小说，或许是一部电影，更有热热闹闹的漫威系列电影也能给人深刻的启迪。赵老师的语文课有趣、灵动，又丰富、深刻，还有那豪气潇洒的板书，谁能想到出自这样一位娇小美丽的女士之手？但也令人不禁感叹，潇洒自在的赵老师，自然是有这样潇洒自在的字相配，正是字如其人。这字的背后是渊博的学识、深厚的涵养、豁达的胸襟，这就更令人油然而生敬佩之情了。

而作为赵老师的徒弟，我有幸得到了更多的帮助。对于青年教师而言，开课是成长的"必修课"，却也是最令资历尚浅的青年教师感到紧张焦虑的事情。有幸的是，这几年中凡是遇到要开课，赵老师便会"贡献"她的班级帮助我磨课。有时候课有冲突，她排除万难也一定准时出现在教室后面。当我的不自信让我陷入焦虑与犹豫时，她总是肯定地说："你很沉稳，没问题的。"话语虽轻，但对我来说却意义非凡。俗话说："良言一句三冬暖。"赵老师的话，简单却温暖，拂去无谓的顾虑，让我在迷茫中找到了一处微小而宝贵的支点。她对我的启迪，不仅仅是那一堂堂精彩绝伦的课堂示范，也绝不仅仅是毫无保留的教学的指导，更是在这成长过程中的鼓励与帮助，让我有更平和的心态努力向前。

我的班主任师傅王进峰老师，是嘉高的青年才俊，可惜我们同年级才一年，便被分到了两个年级。这中间与王老师的接触，多是听他的课，特别是班会课，每次他的课都让我深有触动。他的班会课内容深刻，形式多样，这些都让我佩服不已。及至王老师后来担任我们年级的主任，我更被他强大的创造能力和执行能力所折服。年级层面的激励，让学生在面对枯燥的学习时有了更多的动力；分层教学的实施，让学生更能找准自己的位置踏实前进。虽然年级主任主持着整个年级的工作，但在成绩分析时，他却总能讲到具体学生的情况，哪怕这个学生并不在他的教学班上。

既能运筹帷幄定大计，又能事无巨细皆周全，这与王老师严谨踏实的工作作风是分不开来的。王老师曾经是嘉高的第一届学生，这样的作风也可以说是嘉高人身上所突出具有的，这样的作风也正沿着一届又一届的嘉高学生与一批又一批的嘉高老师代代传承。

承蒙学校的信任，我从工作的第二年开始便担任班主任工作。有人说，班主任是最小的主任，也是最大的主任。说它小，因为它确实不算什么"主任"。但它确实也大，要管理一个班级四十几个学生！自认为讲台尚未站得稳稳当当，新的挑战就这样来了！

我的内心充满了忐忑，担心学生不服新老师，担心自己无法胜任，担心各种新情况出现时不能处置妥当……虽然我担心的事情很多，但一想到有年级主任杨丽娟老师在，似乎面对任何处境时，心中都有了底气。事实上，杨老师就如我们初次航行时的护航船。还记得那时每周举行的年级组班主任会上，杨老师与邵老师总会把每周的工作事项事无巨细交代得特别清楚，现在想来，对富有经验的老教师们来说，这样的工作自然是手到擒来，但对于我们那一批初次担任班主任工作的新人来说，这是何等重要的帮助——只有将日常的事务理顺，形成习惯，才能将班级带好，虽是小事，但万万马虎不得。除了这些日常的工作，班主任是在解决一个又一个的具体问题中与学生一起成长的。运动会的组织、艺术节的排演、值周班的安排，事事皆有值得推敲的地方；督学习、排座位、解矛盾，天天都有新的挑战摆在眼前。遇到这些问题，我们总要向杨老师请教，杨老师便为我们分析种种情况，为我们提供最中肯可行的建议。杨老师的分析中，总会出现很多学生的故事，迷途的羔羊在她的指引下最终总能找到那条对的路，这指引是杨老师给予他们的帮助，而这帮助的背后，是一名教育工作者最赤诚的初心。因此，杨老师的例子总是能让我们听得热泪盈眶，这一个个的故事，照见了未来，也照见了自己——是的，学生的作文里常写"长大后我就成了你"，青年教师何尝不是沿着这些不忘初心的前辈的路前行，成为了一个又一个大写的"你"呢！

嘉高办学二十五年，正是朝气蓬勃之时！杨老师们的故事还在继续，赵老师、王老师们的故事还在继续，我们的故事更是只刚开了头。我们是嘉高的园丁，但我们也是嘉高的桃李。嘉高的乐土上，我们将自己的根脉与她紧紧相连，传承嘉高精神，育得桃李报春风。

2022 年 6 月 23 日

修炼自我，成就未来

■ 褚晔虹

个人简介

褚晔虹，2002 年来到嘉高参加工作，曾获秀洲区优秀共产党员、优秀党务工作者，嘉兴高级中学优秀教师、教学优胜奖等荣誉。崇尚爱的教育，以奉献之心、理解之心、平等之心和宽容之心对待每一个学生。

一眨眼，我在嘉高已经工作 20 年了。

20 年的时间，让我明白教育是一份爱的事业，爱的付出需要智慧；教育是一种慢的艺术，慢的艺术需要等待。米兰·昆德拉说："世界是一棵长满可能的大树。"教育这棵树，就是在日复一日、年复一年、经年累月的春风化雨中，渐渐长满了无限的美丽的可能！这个过程，作为教师，我觉得是需要自我修炼的。修炼我们进入教育过程的每一个当下，和学生情情相融、心心相印；修炼着去体认教育中的每一个当下，和学生一起欢笑、一起流泪、一起沉思、一起震撼。

今天，我想把自己修炼过程中感触较深的三个方面与大家分享。

一、赏识的魅力：月圆是画，月缺是诗

美国著名心理学家詹姆斯说："人性中最深切的本质就是被人赏识的渴望。"赏识是一种期待，而期待则是我们给成长中的学生最好的礼物，学生从这种期待中感受到愉悦和激励，并充满了一种回报期待的欲望和勇气，而最终这种欲望和勇气会产生意想不到的奇迹。而老师要做的就是善于从生活中发掘细节，教会学生积极的心理暗示。

记得在带 2013 届的时候，期末考试加上学考，流感又来作怪，同学们感觉身心疲惫。这时我们教室的仙人掌竟然在考试前夕开出了美丽的白花，这本来是一件平常之事，但是看着疲惫复习迎考的学生，这朵美丽的花就变成老师鼓励学生的一剂精神良方、一个美丽的预言，同学们因此精神为之一振，在那段时间，学生们的精神面貌真的有改观，备考变得积极，班级在最后的考试中也取得了优异成绩。

作为学生，他们都有可爱的一面，我们要以辩证的眼光看他们，坚信"每朵花都有盛开的理由"。赏识教育要求我们多关注学生的优点，注意发挥心理暗示的积极作用，让他在"我是好孩子"的心态中觉醒，而不是在"我是坏孩子"的心态中沉沦。赏识教育认为"优点不说不得了，缺点少说逐渐少"，把目光集中在学生优点上，也许你不经意地对学生的一句鼓励，一个无意的暗示，都会给学生留下深刻的印象，也会让你因此而走进学生的心灵，这样会巩固学生良好习惯的养成，有助于学生的健康成长。

二、惩罚的智慧：悬一把剑在上，但不要轻易出鞘

教育到底需要不需要惩罚？

很多年以前的一天深夜，一场大火烧毁了哈佛大学的图书馆，很多珍贵的书籍在大火中消失，这让很多人痛心疾首。然而，这场突发的火灾让一名普通学生进退两难。此前，他违反图书馆规定，悄悄把一位牧师捐赠的一本书带出馆外，准备阅读完后再偷偷归还。可是，这场大火使这本书成为哈佛受捐的 250 本书中唯一留下来的珍本。怎么办？这名学生经过一番激烈的思想斗争后，还是敲开了校长办公室的门，说明原因后，郑重地将书还给学校。校长的举动更让人吃惊，他收下书后对这名学生表示感谢，对学生的勇气和诚实予以褒奖，随后又把学生开除出校。这个故事，让我们明白，如果说赏识会强化学生优秀习惯的形成的话，那么惩罚会让学生的不良习惯得到纠正。正如教育家马卡连柯说过的："合理的惩罚有助于形成学生坚强的性格，能培养他们抵挡诱惑和战胜诱惑的能力。"

2021 年 9 月，我新接手了一个高一班级。开学初，我们利用班会课，全体学生一起讨论，形成了班级就寝制度：熄灯后不按时就寝，发生下棋、玩手机等违反纪律的行为，出现 1 次，班主任负责提醒；出现

2次，相关责任人停宿一周；出现3次，本学期停宿。

规章制度形成后的第二周，我们班一个寝室熄灯后部分同学出现违纪情况，被值日老师点名批评，我通过寝室长提醒他们。

隔了两周，一个早晨，一份检讨书放在我的桌子上：

"褚老师，对不起，我们又犯错了，昨天晚上，我们寝室又被扣分了。我的行为严重影响了班级的声誉，给班级抹黑了，心中悔恨万分。我决定申请惩处，申请擦一个学期的黑板，以示悔过，以后绝不会再发生类似情况！"

看到这份检讨，我没有生气，反而笑了：我觉得学生在成长过程中的小过失是可以理解的，只要他们意识到错误并且愿意改正就可以了。但是，为了彰显班级规章制度的严肃性，我还是联系了家长。家长来校后，我们交流了看法，家长说："家实在太远，希望再给一次机会。"为了达到让学生彻底改正错误的目的，我和家长商量上演一出戏给学生看：家长当着学生的面申请再给一次机会，老师装作维护班规的严肃性不让步，让学生体会做家长的不容易，反思自己的错误行为给家长带来的麻烦，最后老师表示，此事将提交班级同学表决，若同意，可以给他最后一次机会，但决不能再有下一次。这样既让学生感觉到老师的仁慈，又让学生明了家长的苦心。后来，同学们同意了这个学生不停宿的要求。我在班级对他也提出了警告。从此以后，班级再也没有出现过类似的事情。

《菜根谭》中有这么一句话："路留一步，味让三分。"意思是路径窄处，留一步与人行；滋味浓的，减三分让人食。清朝学者李惺也曾说："攻人之过勿太严，要思其堪受。"这个事情的妥善处理让我明白，教师在惩罚学生时，一定要给学生留有余地，要为他们着想。教育不是改造人，而是唤醒人，唤醒人心中沉睡的巨人。

悬一把剑在上，但不要轻易出鞘。这就是惩罚的智慧。

三、和谐的关系："心隙入水，温澜潮生"

马卡连柯说过："爱是教育的基础，没有爱就没有教育。"教育是师生共同参与的双向交流过程，师生间具有良好的情感是教育成功的关键。教师对学生投之以情，关怀爱护，严格要求，就能让学生感到教师严中有爱，产生一种感激之情，引起共鸣，从而使学生"亲其师，信其道"，内心产生积极向上的动力，从心理上接受、认同老师，也必然能消除疑虑和对立情绪，产生信任、爱戴、愉悦和积极的情绪体验。此时的教育，才能充分发挥它的效力，甚至可获得意想不到的效果。因此，教师要善于用自身的爱唤起学生的爱，用自己高尚的道德情感激发学生的道德情感。有一位老师说得很好："教师爱的本质是唤醒。"当我们试图使教育超越纯粹说教的范畴，而唤醒学生沉睡的潜能，取得自我教育的成功时，才是教育最大的成功。正如美国西点军校教官哈维斯所言："教育的真正的功用不是在纪念碑上刻下所谓的成就，而是在你教的学生身上留下印记。"

因为明白"亲其师才能信其道"的道理，所以我很注重在学生面前树立自己自信乐观的形象，告诉他们，我永远不变的教育目标是精益求精、追求卓越。

作为班主任，在向学生介绍任课老师时，我竭尽所能地挖掘他们不为学生所知的优点，比如：某某老师虽然不苟言笑，但很敬业，每周六下午周末练习结束后，晚上批阅好，及时发放给你们订正；某某老师身体不好还一直坚持工作，带病还在批改作业，请假后还在给我打电话说明天一定会把课补上；某某老师讲话比较直接，有时批评同学不讲情面，但在课下经常跟我交流我班同学的学习情况，每次谈到你们的进步，她的脸都笑成一朵花，她喜欢把爱放在心里，之所以批评你们是因为"恨铁不成钢"，这种心态是父母才有的心态，她把你们看作自己的孩子，因为相信你们可以做得更好，所以才对你们期望很高，你们应该珍惜这样负责的老师呀！

教师的情感资质和人格魅力，对学生道德情感发展和整个美好心灵的形成，从一定意义上说，具有决定性的作用。这是任何教科书、任何道德箴言、任何惩罚和奖励制度都不能代替的一种教育力量。

工作的第二十一年和以后的每一年，我都希望把自己真挚的爱，播在每一个学生的心田上，和他们一起去感受、体验人间的温馨，去创造人生的幸福和追求美好的理想，成就未来。

2022 年 6 月 17 日

青衿之志，履践致远

■ 程　婷

个人简介

程婷，2021 年毕业于南京大学文学院现当代文学专业，硕士研究生学历，2021 年 8 月入职嘉兴高级中学。获 2021 年嘉兴市普通高中和中等职业学校教师学科（专业）素养测试高中语文学科二等奖。指导学生获"全国中学生创新作文大赛"初赛二等奖、复赛省三等奖；指导学生参加"起航 101"三行诗征集活动，诗作发表于浙江日报报业集团嘉兴分社。任教班级语文平均分曾获年级第一，学生多次获语文单科年级第一。

教学理念：不念因果，不计过往，但从本心，敬候佳音。

惶惶然步上三尺讲台，竟已近一载，时流漫衍，行远的记忆似又回转。立于窗前，静目远望，盈目的是嘉高的操场：有肆意张扬的学生，有悠闲漫步的老师，甚或有咿呀学语的稚儿。步履不息，行快或慢，都踏出嘉高二十五载凝结而成的精神——笃行。

以勤自勉

现在让我想想，好像很难找出一个具体的词去概括语文组的风格。一方面词到用时方恨少，另一方面是因为组里前辈们风格各异，自耀其彩，若是贴上个统一的标签，倒是考虑不周。这话听着像是取巧，却也是真事。

严涛老师应该是我最早接触的嘉高语文老师，当时接到电话，听声音，对方是个温柔的男声，详细交代我面试需准备的资料，旁的倒是记不清了。通过面试后隔日要签约，为此头天晚上我百感交集，通晚未睡，至午饭时已是昏沉。那日中午由严涛老师带我们一行人去食堂吃饭，令我惊奇的是，严老师竟从人群中认出了我，并喊出了我的名字，并说就是他通知我来面试。因身体不适导致我情绪低落，当时竟傻傻回了一句"不记得了"。严老师只是笑着继续带着我们逛嘉高，依然是那不急不缓的语调。恰逢嘉高学生下课，阳光正灿烂，光影从树叶缝隙中细细漏出，映在脸上，或明或暗，那时我是什么表情已不可考，对于未来，竟是兴奋多于忐忑，真是好大的胆子。

至嘉高任职后，与严老师相处之日甚少，毕竟不在一个年级，且他事务繁忙。平日间的往来多为政务或是教务通知。接触稍频繁的时候便是疫情期间，因为核酸检测需常态化，严涛老师负责此事，常需志愿者，间或轮到我，每次唤我去帮忙，微信结尾总有句"谢谢你"。但不管轮到谁当志愿者，严老师从未缺席。有时志愿教师尚未就位，但已近检测时间，排队人数已有数十，他便直接接手工作，等志愿教师来了，严老师仍立于一旁，在他人扫码的间隙，俯身在核酸登记表上记录，只一轮检测，便最少1小时。再后便是有幸听了一节严老师的写作公开课。实话说，任教前甚或是考教资时，最怕的便是讲作文。我时常觉得写作这东西玄之又玄，自己几个字排列组合还拎不清，竟要教人写了，所以也时常担心在学生面前露怯。只是在听完严老师课后，才发觉原来写作也是有法可依，有迹可循，尤其为使学生明白原理，准备了大量素材，光是寻找符合要求且做事前分析，便得花上好些时辰。会逢此课，便如石入湖面，蔓延开来，于无声处勾连变化；或如清泉蹚过灵台，明心忽至，思路条陈。前因教学需要，且用过严老师的资料，那时尚不知何解，如今也只敢大胆说依稀摸见些门路。

近日连蒙雨天，心情也需晒一晒。恰又因数十学生不交作业心烦，且是"老顾客"，戚戚然不知该如何是好。转而又想或许该如严老师那般，包容且谦逊，笃行不怠，对学生充满耐心，张弛有度，对自己、对学生有要求、有底线，方能寻得那柳暗花明后的又一村。当日我再约谈学生，了解学生难处，并强调作业原则，学生向我诚恳认错，并于当天下午将作业补上。故记之笔墨，一为不辜所学，二则以自戒。

以诚待人

彼时尚不知朱姮老师将会成为我的师傅，面试过后我与同行友人说："讲课时有一女面试官特别严肃，怕是我讲得很不好"，友人宽言解我忧郁，只说是我多心，幸而结果还算不错，此事似一时插曲，暂置脑后。临毕业时，我师责我以怠懒，嘱我不可误人子弟，教师一业为根基之术，业精于勤而荒于嬉，莫失莫忘。

后经学校"青蓝工程师徒结对"活动，有幸，朱姮老师成为我的带教导师，一时且喜且怕，面试时的后遗症好似尚未痊愈。不过在办公室多日相处之后，才发现果真是我脑补过甚。

教课以来，我时常带着学术化的方式跟学生解释概念，以至于有时候引出一个概念又带出另一个概念，仿若拔节萝卜似的，我累，学生也心累。后有一次去听朱老师讲《乡土中国·长老统治》，因时移事易，我非大家族中长大，身边也无那种替人主持公道的长老，苦于找不出实例。当时朱老师提及"长老"，举了一个例子叫"老娘舅"，一般为当地耆老，由他们负责调解邻里矛盾纠纷。该词一出，学生纷纷响应，想来带着这样的情绪理解概念，该章内容已清楚七八分。后我去班里上课，也用上这个例子，学生讨论热烈。这只是其中一例，无论习题课抑或是常态课，朱老师都能根据需要旁征博引，且多贴近学生生活，他们听来顿感亲切，无形中将知识点化于脑中。

朱老师不仅讲课厉害，对我亦是多有指导。先前虽有听课，但身在其中，神游太虚，不知该从何欣赏上课的艺术。后遇上嘉兴市新教师课堂汇报课与校内公开课，仓促间加工出第一版课件，于朱老师任教班上了一节，状况惨烈，准备的问题鲜有人问津，准备的内容也只完成一半，颇懊丧，更是茫然。课后朱老师告知我内容太多，要进行删减，次日再去试一次。第二版效果稍好，但依然未能完成，后朱老师在办公室拿着她的听课本详细分析我的每一环节。观其听课记录本，竟已近末页，实让人惭怍，临毕业时导师寄语响在耳畔，自己这又是怠惰了！再细看笔记，竟是将每一活动的起始与结束时间，以及每一环节的问题都记录下来，由此可知哪个环节用时过多，哪个提问学生反应尚好。此后朱老师为我梳理了一遍课堂设置的问题，竟是将文本内容解读与文本写作技巧杂糅，由此才会内容繁杂，不能集中力量解决一个问题，顾此失彼，尚有改进空间。经赵云霞、褚晔虹、朱姮和施玲丽等老师的倾力协助，改至第五版，虽仍有不足，但总算不至初始那般杂乱慌张。朱老师实助我良多！

于扎实的授课能力之外，朱老师带班亦是张弛有度，严肃与感性并存。有次学生在晚自习吵闹，次日朱老师在办公室让学生检讨，并给予一定惩罚，学生面色倦懒，待言毕，朱老师又补上一句"你尽可貌恭而不心服，不服就不服吧，貌恭就行"，一时让人喷笑。我想朱老师对班级学生定是倾尽其爱，犹记得考试分析会上朱老师分享 10 班的时候神采飞扬的样子，她记录下学生的点滴变化，讲解班徽设计，那是对学生的忧虑和自豪，忧其前路又惜其才能。学生也是用行动回报她的心血，开学头一个月，陆续有学生前来看望朱老师，偶逢天寒，还有学生送上一杯热奶茶。

朱老师爱花，办公室内外被点缀得生机盎然，那样细心温柔，对花如此，对人亦是。

以才服人

养生的黄小华老师，妇女节送我们每人一本《黄帝内经》，年纪业已六旬，却当不得一句"老"人，丝毫不见龙钟老态，上课可谓声如洪钟，午饭后若是碰上朗日，便能于操场望见一身量精瘦的男子在漫步消食。黄老师也不吝与后辈分享经验，他有一次叮嘱我要勤背书，并言在2020年疫情初年，便在家中把《孟子》《大学》通背了一遍，且教材内的课文也全部背完，并预备背《道德经》。"有时候讲到一个知识点，想到相关的文典，但就是说不出来，那非常尴尬，老师要博观，也要勤背。"后我上课时候将此事说与学生，为激励他们，也为鞭策自己。娄老师幽默有趣，让人深感亲切，因为疫情给我两个班代了一次课，学生就念念不忘，并悄悄给他取了个"强哥"的花号。偶遇难决的疑难杂题，在抓耳挠腮之际，娄老师时以"好读书不求甚解"开导。值此谈笑间，暂忘纠结，数息后竟好似福至心灵，于反复中寻得解脱。褚老师称得上一句身量苗条、体格风骚，却是雷厉手段，处理学生问题果断利落，学问扎实，是我学习的榜样。一次午睡前闲谈，施老师慨然叹曰："真想慢下来好好研究教法。"我想这是对语文教学的真爱，高一语文组在她的带领下也稳扎稳打，颇为融洽。

　　还有些传奇老师只闻其事、未识其人，如杨丽娟老师，听说教至今时，依然每篇课文重新备课，偶有备到深夜。像赵云霞老师，年少时颇有诗才，教书亦是个中翘楚。在"青年教师成长营"中听过一节她的关于提问的方法的座谈会，如醍醐灌顶，颇是受益。我相信未来我会慢慢认识这些传奇的老师，我虽不敏，希望能比此时多些成长。

　　言至此，夜已沉沉，耳边传来学校放学铃声，竟已晚上十点。痴痴坐了半晌，掀开窗帘，对面的教学楼竟还亮着灯，备考的高三学子仍未懈怠。教师群里通知高三学子要拍毕业照，第二天的课间操高一高二改为室内进行，六月之后，他们又将带着梦想飞向何方？看不见教室里的人影，我想他们也无暇理会对面呆望的一个我。竟是不见月色，遑论星星，树影森森，也听不见虫鸣。我却突然想起数年前，我懵懵懂懂走过凤凰树下，目送着学长学姐毕业。那时对未来究竟有着什么愿景，或许是什么也未想，倒好似记得高中时与同桌说过"若我是老师，我将如何如何"的傻话。二十余年的磕碰，包括如今嘉高的师生都在告诉我，青衿之志，履践致远，非笃行无以至千里。执此一文，书于嘉高生活学习之所得。

　　　　　　　　　　　　　　　　　　　　　2022 年 6 月 12 日

暖人者人暖之

■ 王秋芸

个人简介

王秋芸，嘉兴高级中学英语教研组组长，高级教师。从事英语教学 27 年，班主任工作 13 年。在多年的教育教学实践中，始终践行着"学可解生惑，行可为生范"的理念，曾获得"县级优秀教师""秀洲区最美教师""秀洲区优秀党员""区学科带头人""优秀班主任"，以及英语竞赛全国优秀指导教师等称号。现为浙江省教育考试院英语高考学考骨干教师专家库成员，多篇论文和课题获嘉兴市教科研成果一等奖，5 门自编选修课程获嘉兴市精品课程，班会课案例获浙江省案例评比一等奖。

"学为人师，行为世范"——这是社会对教师职业的理解和定位。审视自己，我从来没奢望能达到这个高度。但"任凭弱水三千，我只取一瓢饮"，做不到全面优秀，至少我可以做出我的为师特色。

大家都知道，做老师的要关心学生。但是对我而言，我更希望做一个被学生关心的老师。现在的孩子，特别是"90 后""00 后"，集父母长辈恩宠于一身，最不缺的就是爱和关心。如何让学生学会把这种爱反馈回来，学会爱他人，关心他人，这也是我们老师的天职。所以从工作以来我一直坚守着这条理念：做一个让学生主动来关心我的老师。

这是一份曾经让我感动得落泪的礼物——一本日记本，这是一名学生记录高中三年的点点滴滴的一本日记本。在日记本的第一页上她写道：

2009 年夏，7 月初

第一次来嘉高，交费

我记得当时有个老师不会写我名字中间那个"馨"字，旁边老师说："打字打多了。"

那时我就在想，这是个多么温暖的老师呀。

第二页上她又写道：

2009 年夏　7 月　衔接班

我欣喜地发现那个温暖的老师是我高中的英语老师。

这本日记本我一直珍藏在身边，就是为了时刻提醒自己：做一个温暖的老师！

温柔的拥抱

2021 年 6 月 25 日，高考成绩揭晓，我收到了一封信。

Sally，我是×××，想了很久，还是想跟你说，高中三年最幸运的事就是遇到了你。

我一直都不知道该怎么表达自己对你的歉意、感激和喜欢。

因为初中英语太差，靠着乡镇中学保送才上了嘉高，所以对英语一直都很不自信；因为问题表述不清，也搞不清楚该问些什么，可越是这样我就越不好意思来问您，所以我对语法一直是瞎子摸象；因为作文写得错误百出，害怕来找你面批，虽然我知道面批才能进步更快，可是一直以来的性格问题让我没有这个勇气；因为英语首考 105，所以一直都不敢直面你的鼓励，怕让彼此再次失望……

背单词、刷题、背作文，这一套都做了之后成绩仍然起起伏伏，我走在对英语丧失信心的边缘。是不愿屈服的倔强，是学业的压力，是现实的灰暗，是同学的矛盾，多种因素下，我崩溃地想要辞去英语课代表这个职位。

是你安慰我时给我的拥抱又给了我希望，在我低谷时想起的也总是你的温柔。

毕业合照那天你提出要坐在我的前面，我也一直记得，一直记得……那一刻，我想的是至少不能让你失望，我一定要做到。

动人以言者，其感不深；动人以行者，其应必速。

因为不懂表达，我不知道该怎么让你知道我的感激，但我更怕你不知道我的感激，这番话我斟酌良久，虽然高考总分不好，但，英语126，我想，应该算是一个不错的回应，于你我。

美国著名的心理学家赫洛德·傅斯博士说："拥抱可以消除沮丧——能使体内免疫系统的效能上升；拥抱能为倦怠的躯体注入新能量。拥抱发生在不同的人身上有不同的意义，但无论它发生在谁的身上，归根结底，它都会产生一种共同的效应，那就是它给予了彼此之间一种安慰、一种鼓励与一种信任，无论是安慰或是鼓励或是信任，它都会给予我们一种无穷无尽的力量！这种拥抱的意义带给我们的力量无声胜有声！所以每次当学生感觉委屈、沮丧时，我都会及时地给予他们一个温暖的抱抱。"

温情的引导

教育家夏丏尊说："教育不能没有感情，没有爱的教育就如同池塘没有水一样，不能称为池塘；没有情感，没有爱，也就没有教育……"所以作为老师，最主要的职责是教学生做人，让学生在一个爱的环境中体会爱、理解爱，从而学会去爱、传播爱，让人间充满爱，让社会美好和谐。

2008 年汶川地震，举国震惊，我班学生感触也非常大，我立即组织了一次"感悟生命力量，扬起生命风帆"的主题班会，在班会上，看着电视上播放的数万生命惨遭陨灭，美丽家园变成废墟的画面，我们班的孩子一个个泪流满面，看到地震中被困的灾民顽强自救，军民奋战抢救伤员，孩子们群情激扬，备受鼓舞。到了要为灾区募捐的时候，一个个几乎都是来自家庭并不宽裕的农民家庭的孩子组成的小小班级积极响应，慷慨解囊，孩子们省下自己的零花钱，一天之内筹集了八千多元，为灾区送去了我们的爱心。

在我的十几届学生当中有不少也选择了当老师，其中有位学生写道：

时至今日，最佩服的就是她从来没在我们面前红过一次脸，发过一次脾气，整整两年！……那时候，每个人的生日她都记得，而且会偷偷地在每个人课桌里塞一份小礼物，那个紫色的小笔筒，现在还保留在我家；那时候，她每两周让我们写一次周记，每次都是满满几页手写的回复；那时候，有时候我的英语选择题胡乱猜一通，发下来，满是叉叉，她会细心地发现我眼里的沮丧，然后关切地问我是不是错太多了有些难过……时至今日，站上讲台为人师，不能不承认在潜意识里我常常模仿着她的方式带班级，与学生相处……

从学生的行为看出曾经老师的影子，我想这就是一种传承，一种引导。

温和的批评

在与学生的相处中，批评学生是比较常见的。批评学生时，常常会出现这种情况：学生不接受老师的批评，轻者保持缄默，重者还会与老师顶撞，更有甚者和老师大动"干戈"。即使接受了老师的批评，效果也不尽理想，学生当面表态，过后全丢到了脑后。学生会出现这种种对立的情绪，原因是多方面的，但根据我自己的管理经历，我认为如果老师的批评有点温度，则是拉近师生距离、建立良好师生关系的不错方法，从而达到解决教育学生问题的目的。

记得有一次，一名学生做团队合作练习时，趴在桌子上迟迟不动笔，旁边有名女孩子实在看不下去，便站起来说："Sally，他趴在桌上什么也没做。"我犹豫了一下，决定不直接批评，而是很温柔地说道："做作业前是要认真思考的，可能他正在想问题，相信他想好后就会做了。"我话音刚落，那学生慢慢抬起头来，报以感激的目光，然后拿起笔，在本子上写起来。

所以，选择什么样的场合，在什么样的情境下，以什么样的方式批评学生，这也是一门艺术。但不管如何，照顾到学生的面子、保护好他们的自尊心是前提。

煦暖的示范

一天清晨，我刚走进教室，一眼就看见拐角处堆满废纸屑，当时，我"满腔怒火"，真想运用班主任的权威拿今天的值日生开刀，来个"杀鸡给猴看"。但转念一想，这是解决问题的根本办法吗？显然不是。我一直强调老师是班集体的一员，而且榜样的力量是无穷的，要求学生讲究教室卫生，勤于整理，保持良好的生活习惯，那么我怎么给他们做出很好的示范呢？想到这里，我对同学说："垃圾乱扔，病毒就会滋生。这就是我们每天要把教室打扫得干干净净的原因。Sally 知道你们今天上课做作业很辛苦很累了，而人在很累的状态下对病毒的抵抗力就会降低，就更容易生病，那么今天的垃圾我来清扫。"从那以后班级里的垃圾总是会被同学们主动地清理打扫。

苏霍姆林斯基曾说过：教育技巧的全部奥秘就在于如何去爱学生。事实证明，在潜移默化的温暖与关爱的浸润下，我们的学生会长出一双天使的翅膀，并带着这双翅膀将爱传向四面八方。因为有爱，他们的心里将永远没有寒冬。

暖人者人自暖之

有次我晚督班没来得及吃晚饭，在给学生解答问题时，我的肚子"咕咕"叫了起来。当时我很难为情，可学生看了我一眼没说什么。等第三节课我回到教室的时候，讲台上放着这样一盒蛋糕，上面附了一张小纸条，写着：

Sally，吃点蛋糕吧，别饿坏了，您饿坏了，我们会心疼的哦。

看着这字条和蛋糕，我心里热乎乎的，很感动！

我嗓子痛时，学生会偷偷把药和便签放在桌子上，上面写着：

Sally，保重身体，别太累了，我们会努力的！

看着这两盒药和便签，我感觉有时即使生病也很幸福。

我生日的时候，学生大清早在我的办公桌上摆放了生日贺卡，写着：

祝 Sally 破壳日快乐。在我眼中，你就像大姐姐一样，给人很亲切、舒服的感觉。每一天的你都是那么精神抖擞、美丽动人，很享受和你度过的每一节英语课。记得要天天开心哦。

看着这一张张卡片、一句句祝福，我的心里像住着一个六月天的太阳！

有一次愚人节，当我推开教室门准备上课时，只见从天花板上垂下来一个花环。见到我来了，全班同学一齐喊出：Sally，我们爱你。班长起身把花环摘下套在了我的脖子上。我说：今天是愚人节呀！可他们说：我们喜欢你，所以决定把愚人节过成情人节。听着这动听的话语，戴着这美丽的花环，我感觉自己就像个幸福的新娘，心暖暖的。

《孙子兵法》中说："举秋毫不为多力，见日月不为明目，闻雷霆不为聪耳。"我想说的是：仅爱生不为师道，为生所爱才是为师真谛！

2022 年 6 月 1 日

校园里最美的花儿

■ 高　鹏

个人简介

高鹏，中共党员，中学高级教
师，秀洲区学科带头人。从教22
年，担任班主任工作19年、教研
组长工作8年。曾获"十佳新秀
洲青年"称号；多次被评为区文

体局"先进党员"和"优秀党务工作者"；曾获嘉兴市"双高
课"二等奖，10多篇教学论文获省、市一、二、三等奖或发
表，主持2项课题立项并结题，1门校本选修课程被评为市精
品课程；10多次主讲省、市级各类讲座；20多年来辅导学生
参加各类各级竞赛，有近10人次获国家级奖项，400人次获
省、市各级奖项。

又到了四月花开之际，午饭后我漫步校园，见各角落处盛开着美丽

的鲜花，不由想起 2014 年担任班主任时，选了"蔷薇花"作为班花。那时教室门口每天摆放着两盆小小的蔷薇花，初始叶片很小，花骨朵更小，不引人关注，也从不芳香四溢；但只要有阳光和雨露，它们就傲然绽放，一朵凋谢，一朵接着开放，让人感叹生命力的强大。百度搜索，蔷薇花的花语——为了希望的希望。这份花语，正如嘉兴高级中学的校训"真"字所倡导的那样。高中的每个孩子都正处于人生中最灿烂最活跃的青春期，无论何时何地，让他们懂得学习真知，为人真心，待人真诚，始终保持一种乐观向上、阳光积极的心态是班主任工作中的重中之重，也是一名德育工作者的核心任务和目标。为此，我在自己多年的班主任工作中，且行且思，不断学习和反思，努力为每一届孩子创造一个良好的班级环境和氛围。

在 19 年的班主任工作中，我中途接班的就达 4 次之多。印象最深的是在 2014 年 9 月，当时临近高三，根据学校安排，我承担了高三（3）班的班主任和英语教学工作。由于各种原因，当时班级同学情绪比较低落，学习积极性也不高。由于缺乏了解和沟通（原先我不教这个班的课），孩子们对我这个新班主任的接受度不高，家长也很着急和担心；后来，在分管教学的鲁建飞副校长和时任年级部主任的杨丽娟老师帮助下，我做了大量工作，班级终于在开学之初步入了正轨。面对这次特殊的挑战，之后我也静下心来，开始尝试着改变这个班级。

让学生感受真情——设计生日祝福卡和建立"班级日志"

班级的和谐从人开始，只有师生之间、生生之间和睦相处，学生才会有家的归属感和幸福感，真诚待人、积极阳光的心态才会生成。在多年的班主任工作中，我逐渐发现，如果老师能记得学生的生日，并在这一天送上祝福，即使平时再调皮或再内向的学生也会深受感动。2006年开始，我尝试在每个学生生日这天在班级黑板上写上同学姓名，并写上祝福和激励的话；2009年开始，我自己设计生日卡片，将写祝福语的活动扩展到全班同学和任课教师范围，效果更明显。而且，对任课教师来说，这加深了与学生交流的机会，让学生更多地体会到了老师和同学的关怀，许多同学毕业后还保留着这份特殊的生日礼物。一份小小的心意，慢慢在班级同学间传递，温暖彼此的心灵。"投之以桃，报之以李"，每当教师节来临之际，班级学生也为每位老师制作节日卡片和写上祝福的话，感动了各个任课教师的心。

除了生日祝福卡，高三新学期一开始，我还为班级同学准备了一个特殊的礼物——一本厚厚的班级日志本，并告诉他们，在这个本子上你可以写下自己的喜怒哀乐，除了不写对他人进行人身攻击和侮辱的话语，每个人都有写的自由，这样一来，有些不善于言语沟通的同学也能及时发泄和调节自己的情绪。一年之后，这本班级日志本记录下孩子们每天生活的点点滴滴，真情流露的每段话，如同生活中许多散落的珍珠，这些话被串起来，形成一挂美丽的珍珠项链，已然成为班级中学生最宝贵的财富之一了。摘录如下：

　　9月27日　星期六　晴

　　……跳"排舞"出了一身汗，但是跳得也很开心，感觉今年我们班的舞蹈很有创意，一定能技压群芳，拔得头筹的。哈哈哈，就等着别的班的同学被我们"秒杀"吧……

　　5月12日　星期二　雨

　　……因为剩下在一起的日子不多了，朝夕相处的同学转眼都将各自天涯，可是我好像还没认清每一个同学的笔迹，甚至还没有记全每一个同学的座位，可是无数个早晨和夜晚却清晰地在脑海里过了一遍又一遍。平时爱写煽情的话，面对这一次班级日志，却感觉欲说还休，说不清楚我对这一切有多么的不舍。骂过的、讨厌过的、惧怕过的种种，好像在这一刻，都并不烦恼了。看来，时间也并不坏吧，起码它都教会了我们坚强隐忍和包容接受……

让学生坚持理想——创建班级特色口号和"梦想墙"

　　为了能更好地增强班级凝聚力和体现班级精神风貌，激发学生的拼搏精神，结合学校的办学特色——"嘉木扬长，高德归真"，根据高三（3）班的特点，我提出一个口号"高三（3）班，有情有义；吾爱我班，一身正气；拼搏三年，鹏程万里"。对于高三的学生来说，未来的大学就是他们的梦想实现之地，为此我在班级建立了"梦想墙"，让班级每位同学都写下自己的理想大学和目标，激励他们朝自己的梦想不断前进。班级南北两面墙上也张贴了宣传画和文字，其中"心存高远，脚踏实地"和"自强不息，厚德载物"体现了我们班特有的气息。2015 年的新年钟声敲响之前，我让班里每个学生写下自己的新年愿望，贴在班级文化墙上，勉励自己在高三的最后一段历程中，保持一颗积极阳光的心，每天在寻求真知的道路上不畏困难。记得当时班里的"学霸级"人物——小孟同学在"二模"考试后，成绩有些起伏，孩子情绪不是很稳定，语文杨老师和我都主动找孩子谈心，不断用他自己的理想大学（中国政法大学）来鼓励他，让他坚持梦想，最终他以年级文科第二名的优异成绩被北京外国语大学录取，大学期间他又表现优异，被直接保送至本校攻读硕士研究生！

让学生追求真理——邀请学校老师和家长开设"大讲坛"

"他山之石，可以攻玉"，如何让高三的学生不局限于课本的知识，在学习之余能扩展视野，陶冶心灵，这是我一直在思考的问题。我校有一支坚强的德育工作队伍，也有一批充满干劲、勇于创新的班主任老师。受学校政教部门开展"大家讲坛"的启发，我想到请本校一些优秀的班主任从各个层面来给班级学生做讲座，如极具亲和力的鲍尔青老师做了关于"改变学习拖沓习惯"的讲座，富有文采的赵云霞老师做了"美丽的中文不老"的讲座，极具幽默感的张旭宁老师做了"如何调整好心态"的讲座，认真做事的朱慧老师做了"读书引领人生"的讲座，"高大上"的王进峰老师做了"如何在高三最后一个时期稳定状态"的讲座，嘉兴市德育名师翟景梅老师做了"如何为人处世"的讲座。在此基础上，我又秉持"家校共育"的理念，和家委会进行协商和沟通，让家长也来参与"大讲坛"，这样做有几个好处：一是学生家长来自各行各业，有的还是某个行业的杰出人物，他们自身成功的经历及如何克服困难实现理想的过程无疑是一份十分重要的教育资源；二是通过该形式，拉近学生与家长的亲子关系，达到创建和谐家庭的目的。

摘录部分家长讲座话语：

一个优秀的孩子不一定是学习优秀，但一定是一个有完整的人格的人。

——李同学的家长

赠人玫瑰，手留余香。只要人人都献出一点爱，世界将变成美好的人间。

——钱同学的家长

我对生活的热爱来源于我对运动的坚持，当你迈开第一步开始跑时，路就在脚下了。你跑的每一步，都是组成你通往终点的一部分。

——徐同学的家长

许多同学听完这些讲座后，特别有感触，他们给老师和家长都写了感谢的小便签。有的提到自己原来有学习拖沓的习惯，听了鲍老师的讲座后，学会了一些有效的方式方法来调整和改正自己这一不好的习惯；有的谈到自己本身就喜欢中文，听了赵老师的讲座后，更坚定了学好中文的信念，立志未来要成为一名语文教师，将美丽的中文传承给下一代；有的说起平时只关注自己的个人情况，不太注重班级的集体活动，听了钱同学家长的讲座后，决心改变这种状态，尝试着去做一些关注他人、关注集体的小事，幸福感瞬间提升不少。在这些不同于日常课堂教学的讲座中，学生们深深地感受到来自学校老师和家长的关爱及希望，在潜移默化中明白真诚待人、真心为人的道理，教育效果奇好。

让学生享受成功——评选各类班级之星

成功会给人带来自信，带来快乐，学生的一切，都因成功而改变。成功意味着被肯定，意味着自己得到满足，所以人人都期盼成功。多年班主任工作，让我深深感受到，其实每个学生都有他们自身的优点和独特之处，老师应该及时发现并肯定他们的闪光点。为了让孩子们都能享受成功的乐趣，我做了教育评价方式新的尝试。在当年的三、四、五这三个月开展了班级之星（三月份公益之星、四月份文体之星、五月份学习之星）评选，所有环节由学生唱主角：学生评选，学生设计荣誉证书，学生撰写颁奖词，学生进行颁奖，每一期上榜的同学的荣誉证书和照片张贴在班级墙上（直到高考）。活动的开展得到班级同学的积极参与和认可，每个人都得到应有的肯定。活动最大的好处在于，学生意识到，人人都是学校大花园中那朵美丽而独特的鲜花。

时间过得很快，2015 届高三（3）班学生已经毕业 8 年了。在每年的一些特殊日子里，作为班主任的我总能收到孩子们的节日祝福，了解到他们现在的情况：他们中有的本科之后还在国内知名大学读研读博，坚持着嘉高人"勤奋好学，求真务实"的求知传统；有的出国留学深造，去看外面的世界，践行着嘉高人"开放包容，海纳百川"的求真精神；有的大学毕业之后踏上工作岗位，在平凡中做着不平凡的事，继承着嘉高人"嘉木扬长，高德归真"的教育理念。如今，这一朵朵美丽芳香的鲜花在绽放之后，也结出了一颗颗丰硕而甜美的果实，他们用自己的实际行动，秉承并实践着在高中三年学到的"求真知、学真理、懂真情，感真恩"的精神。

2022 年 6 月 1 日

以研修业　以敬为径

■ 宋小燕

个人简介

宋小燕，高中英语教师，秀洲区学科带头人，曾获得市优质课一等奖、市属教科研成果一等奖，近5年发表论文6篇，6篇论文获奖，市级课题结题2项。曾获区先进工作者、校先进工作者、校优秀班主任等荣誉称号。坚持以生为本、学生自主的英语课堂教学，教学质量优良。

2005年进入嘉兴高级中学任教，在学校精业、善导教风熏陶下，依靠名师指引和团队研修，我在个人专业素养提升、教法学法钻研上不断革新和尝试，逐步形成了有个人特色、有利于学生核心素养提升的教学方式。

苏霍姆林斯基说过，如果你想让教师的劳动能够给教师带来一些乐趣，使每天的上课不至于变成一种单调乏味的义务，那你就应当引导每一位教师走上从事一些研究的这条幸福的道路上来。在我追求教育幸福的道路上，很幸运能遇到一些专家，引领我的成长，有机会能进入一些优秀的团队一起研修，陪伴了我的成长，也感谢坚守教育追求的自己，能遇见更好的未来。

专家为引

"问渠哪得清如许，为有源头活水来。"教师要有所成长，离不开专家的引领。在专家老师的引领下，教师可以有更高的视角来反观自己和课堂，突破固定思维，少走弯路错路。

在我教学成长的道路上，两位专家教师对我影响至深。

一位是我校特级教师潘新华。记得五年前，我只是一位毫无建树的教书匠，觉得自己年岁已长，教学专业上难有建树。是潘老师引领和鼓励我：只要坚定信心，专心钻研，任何时候起步都不晚。于是，我申请了进入上海市西中学名师工作室，开始了专业追寻之旅，梦想成为一位教科研型教师。在后来的工作中，我的第一个嘉兴市级课题立项、第一个市区课题成果获奖、第一次获得市优质课一等奖，"绽放"了自己的实践智慧，见证了自己的专业成长，而这背后潘老师都在一遍一遍地指导、帮助打磨与修改。

二是市英语教研员徐雁光老师。在我没有任何"名气"、没有专业突出点的时候，徐老师愿意给予我机会，给我指明钻研方向，所以有了我的第一个市本级、市级英语教学讲座。在每次讲座的准备过程中，在我不断地请教徐老师时，他总是在给予我肯定、让我坚定信心的同时，不厌其烦地提出修改意见，才有了我一个个不算糟糕的讲座呈现。一次次讲座机会、一张张讲座证书，推动我积淀了最新、最实用的教学理念，我坚持的教学思想得以实践，也极大提升了我个人的专业素养，提高了自己的教学质量。

团队为伴

团队研修通过传帮带的辐射直接影响教师的专业发展。它通过教师团队的争论、对话、互助、商议、磨课、辨课、构课、反思等形式让教师有所收获，从而引发思考，改变并内化为自己的教育教学行为。

在团队研修方面，首先是依托沪嘉教育联盟指引。为推动教师专业提升，学校于 2017 年加盟上海市静安区教育基金会设立的"名师工作室"，与上海市西中学对接，组织一批优秀教师参与上海市西中学团队研修。在研修期间，我极大地开阔了教学视野和格局，吸收到了英语教学的最新理念，观摩了大量课堂教学，逐步形成了个人的教学追求，个人专业发展开始有了质的提升，出现了多个个人"第一"的突破，如2018 年发表第一篇论文，2019 年立项第一个市级课题，2020 年获得第一个市优质课一等奖。

其次是积极参与名师工作室团队研讨。2019 年，我进入省特级教师吴国军名师工作室研修。在特级教师的指引下，我虚心向工作室名师请教教学困惑，打磨课堂，聆听讲座，极大地丰富自己的英语教学理论知识，尝试打造有个人特色、符合学生认知的英语课堂教学特色，尤其是在自主阅读教学研究方面，有一定心得。比如形成了 Topic-reading—Structure-reading—Self-reading—Deep-reading 比较成熟的自主阅读模式，较好地提高了学生阅读素养和思维品质。在吴国军名师工作室的引领和指导下，2019 年 4 月的省级讲座"PBL 模式在读后续写讲评中的运用"、2020 年 12 月的市级讲座"基于逆向的语法教学"、2021 年 11 月的市级讲座"自主提问视角下学习能力的培养"、2022 年 3 月的市级讲座"基于语言、结构、思维的读写一体化教学策略"、2022 年 4 月的省级讲座"高中英语自主阅读能力培养策略"等无一不是我个人追求专业素养和团队力量的见证。

以导拨教

在教师专业成长的道路上，有教师个人专业素养提升的见证，也有学生学业水平提升的体现。在我的教育理念中，我一直坚持以生为主体、学生自主学习的课堂理念，坚持以导拨教，目前已初见成效。

在善导方面，坚持学生为主体，以评价反拨教学过程。优秀教师不仅需要有大量的知识和技能储备，更需要有向学生传授知识和技能的科学方法。善教者"授人以渔"，最终达到不需要教；善导者"导而弗牵"，最终让被导者自己健步如飞。学生乐学的关键之处就是教师的善导。

依据新课标指导，为充分发挥学生主体性和学习主动性，我一直努力于落实教、学、评一体化。根据新课标理念，评价要服务教学、反馈教学、促进教学，同时，要鼓励学生参与评价结果的判断和解释过程，最大限度地发挥评价结果的诊断功能和促学功能。我探讨了不同课型引导和发挥学生能动性的策略。比如在阅读课上，改变了传统课堂师问生答的模式，倡导和实践了学生自主提问和合作互问下的自主阅读和深度阅读，提升了学生阅读素养。比如在语法课上，通过已学关联知识和例句引导学生自己归纳、概括语法规则，培养了学生的归纳概括能力。再如在作文讲评课上，通过如下评价模式，极大保障了学生的主体性，引导学生在评价中体会评价标准，达到了运用评价标准、反拨后期习作的效果。其中从学生现在能自评、自检习作并做出修改，作文平均分高出同类班级，可见教师的"导"已经很大程度上拨动了教学过程和效果。

敬业为径

作为现代教师，不仅要敬业，还要专业，更要精业。"敬业"，就是要对自己的工作怀有敬畏之心，只有怀有敬畏之心，才会全力以赴。我国古代理学家朱熹说：敬业者，专心致志，以事其业也。"专业"，强调业务素质高、解决问题的能力强。"精业"，是最高境界，既强调敬业精神，又强调业务素质。敬业不易，精业更难。敬业不易，教师需坚守教育初心，有一颗诲人不倦之心。专业不易，教师需坚持钻研和学习，日积月累地进行思考和提炼。精业更难，但应是教师追求教育的最终目标。

良好的教风塑造优秀的、有良好专业素养的教师。教师专业成长需要专业技能。一是专业的知识，二是对学生及其学习的承诺和责任，三是教学实践技能，四是持续不断的专业学习。只有持续而专注地研究，才能促进自己的专业成长。研究就意味着执着，意味着深入，意味着思考，意味着信念。

曾经我认为自己已过专业发展的黄金期，专业不可能有新的突破。但近几年在学校的推动下，我努力钻研，虚心学习，在领导和名师们的指引下，我的教学理念有了极大提升，课堂教学质量有明显提高，教师个人的教科研水平有了质的飞跃。今后我将继续依托各级培训平台，感悟学校名师们的成长之路，明确个人专业追求，孜孜不倦地夯实个人专业领地。

2022 年 5 月 2 日

不负所有的遇见，一切都是最好的安排

■ 朱兰青

个人简介

朱兰青，2005 年毕业于广东外语外贸大学德语系，2009 年入职嘉兴高级中学，中学一级教师，现任校国际部副主任、德语备课组组长，是嘉

兴市秀洲区教学能手、学科带头人，曾获嘉兴市秀洲区教文体系统优秀工作者、优秀党务工作者、优秀党员等荣誉称号。

　　我父亲是高中教师，我从小在校园里长大，但我从没想过自己也会成为一名教师。高考填志愿时，我选择了当时颇为热门的小语种德语专业。我曾经也心怀远方，想出去闯一闯，不过毕业时又遵从了父母追求

安逸的想法，选择进入一所外语特色中职学校成为德语教师。中途我换过一次学校，又于 2009 年进入嘉高，成为当时嘉高刚起步的中德 DSD 语言项目的第一位德语老师。如今 13 年过去，DSD 项目已成为学校的招牌国际教育项目，我也慢慢成长为一名经验相对丰富的中学德语教师，并扩展工作领域，扎根于学校的国际教育工作。回首 13 年，这一路也并非一帆风顺，但如同升级闯关一般，我遇到的各种挑战都是成长路上的铺垫，相信一切都是最好的安排。

一切从德语教学开始

2009 年夏天，第一届 DSD 班的德语教学在酷暑中开始。当时我又欣喜又忐忑，欣喜的是能教高中生德语，忐忑的是不知道从何处下手，因为我对 DSD 项目不太了解，只知道学生要考语言证书和参加德语高考，而手边只有一本教材和练习册。好在学校对 DSD 项目极为重视，给德语班配备了经验丰富的杨丽娟老师当班主任，杨老师给了我极大的鼓励和支持。当时徐新泉校长和鲁建飞副校长还特地带我跑了趟南京，向南京外国语学校请教经验。语言证书考试方面则主要向专员求助。在学校的支持下，我报名参加了很多德方组织的教师培训。校领导还牵线联系了浙江省内的兄弟学校，推动了德语老师间的交流。这种校际交流一直持续到今天，在推动各校 DSD 项目发展的同时也促进了教师的职业发展。当初"抱团互助"的几位"初代"德语教师如今都是学校的中坚力量，坚守在中学德语教学领域，这是后话。

　　第二年开始，随着新同事和外教的加入，我有了同伴和学习对象。两任外教对我的影响都很大。第一任外教卡德先生是 DSD 项目资深教师，曾在南美任教多年。虽然他只待了半年，但他坚持听我和同事的课并进行详细点评；他还定期开展 DSD 考试专题培训，并向我们教授德语教学法。虽然当时压力很大，但我的课堂教学能力有了很大提升。第二任外教肖梦霞女士在嘉高工作了 7 年，她是我的朋友，更是我的老师。她是我 GOLD 教师培训的导师，在日常教学中给了我很多指导；我也坚持听她的课，研究她的讲义，连续几届跟着她准备学生的 DSD 口语考试。

　　如今，我仍在摸索针对中学生的德语教学，但已不再迷茫。除了研究课堂教学，我定期从德国的毕业生那里获得反馈，及时调整教学内容和方法。同时，我对德语高考和 DSD 考试有深入研究，摸索了一套将两者融合的备考体系。过去 13 年，我完整带了四届 DSD 班，除 2018 届学生参加英语高考外，参加德语高考的班级平均分都高出当年英语高考不少；DSD 证书通过率和德国公立大学预科录取率基本保持在 100%。

　　令人欣慰的是，在同事和我的共同努力下，嘉高的 DSD 项目越来越受到家长和学生的认可，在全国也享有很好的声誉。在 2017 年德方组织的 DSD 项目年会上，我们的项目被重点推介；2019 年我校成为中学德语联盟理事单位。得益于嘉高的 DSD 项目品牌，我个人也接触到了更高的平台：2021 年我受邀作为中学德语教学代表参加了浙大德语研究所主办的全国德语教学高端研讨会；2021 年来，我多次受邀参加由德国歌德学院和奥地利研究所主办的各类主题活动；2022 年下半年，由我主编的高考阅读指导书由上海外语教育出版社出版。

DSD 不只是德语教学

DSD 项目是德语语言项目，并提供留学德国路径，所以项目教师的工作不只是德语教学，还包含了很多其他事项。而正是这些事项，锻炼了我的综合工作能力，也强大了我的内心。

其中一项工作就是学生的留学申请。因为项目的特殊性，DSD 毕业生的留学申请不找中介，而由老师辅助完成。每到四五月份，随着德国大学预科的陆续揭榜，申请工作也拉开序幕。由于申请是"一校一方"，截止时间也不同。到了 7 月，学生还要准备材料申请签证，时间紧张且手续繁杂，这一切都需要老师进行细心到位的指导：汇总申请要求和进度，填写申请表，修改申请文书，提醒学生办理公证等事项、审查材料等。几年下来，虽然我和同事积累了丰富经验，但时不时我们还会碰到新的问题，如 2020 年 DSD 考试和高考因为疫情影响推迟，但德国学校申请和开学时间不变，申请材料来不及准备；再如 2022 年，德国驻上海领事馆签证处因疫情停工几个月，暑假签证日期异常难约。虽然通过沟通协调，这些问题最终都得以解决，但过程中内心的煎熬是难免的。

另一项工作是外事工作。2010—2019 年，我们学校里有常驻德国外教，并先后接待了 6 名"文化无国界项目"的德国青年志愿者。办好相关外事手续、照顾好他们在嘉兴的工作和生活，也是我的重要任务。2009 年，我们与德国黑森州的阿尔伯特·爱因斯坦学校结对，并每年开展师生互访活动。准备师生出访材料、安排接待活动、陪同翻译……
我和同事全程负责，并与嘉兴市公证处、嘉兴市出入境管理局、嘉兴市
博物馆、浙江浙能嘉华发电有限公司等单位保持合作。我还作为带队老
师三次出访德国，一次出访加拿大。无论是与外教的日常相处，还是出
访和接待，我都深刻感受到了巨大的文化差异，让我在持续提升语言能
力的同时，也锻炼了跨文化交际能力。

依托 DSD 项目，我们每年还组织学生参加由德国海外学校教育司
主办的各种活动，如 PASCH 学校足球赛、ALBA BERLIN 华东片区
PASCH 学校篮球邀请赛、DSD 学校台历主题作品征集活动、德语创意
大赛等。为了让学生深入理解德语和德国国情，我们在校内也组织了一
些德语体验活动，如复活节彩蛋绘画等。

工作延伸到国际部

2017 年 9 月起，我在学校安排下兼任中加班班主任，负责国际部
的部分工作。这一工作调整对我也是一个不小的挑战：与外教沟通要用
英语；要了解并熟悉中加班项目，管好班级；要熟悉更多行政事务。

好在 2016 年我曾替产假的同事在中加班代班过几个月，当时国际
部主任周菊明老师就给了我很多指导。真正开始在国际部的工作后，吴
正奇主任和几任加方校长更是给予了我极大的包容和支持：刚开始我的
英语还不熟练，外教会放慢语速或让我多说一遍；工作上有疑问或困
难，吴主任会给予建议或帮助处理。慢慢地，我熟悉了中加班事务，在

工作上主要配合吴主任完成中方教学管理和学生德育管理、外教外事管理、招生咨询、接受加方教育部门年审等工作。2018 年起，我还负责定期向浙江省教育厅申请中加班项目行政许可。这项工作做下来，我也深刻感受到这个项目的来之不易和中加班办学的正规性。

在班级管理上，我接的第一个班是 2017 级中加班，全班 47 人，80% 是女生，还有一名巴西籍留学生。幸运的是，配合加方的严格管理，这个班班风积极向上，学生各方面表现出色，学业进步明显，毕业时全班共收到 250 多份大学预录通知书，其中 35 人收到来自帝国理工、伦敦国王学院、多伦多大学、麦吉尔大学等世界排名前 100 高校的录取书，奖学金共 225500 加币，约合人民币 1159000 元。

我的感悟

在高中教德语是一份充实且充满挑战的工作，不过因为缺乏平台，高中德语教师的职业发展多少也受到一定限制。但凡事都要靠自己主动，没有条件也要尽量创造条件。为了提升德语教学水平，我留意并参加各类德语教学活动和教学培训，如歌德学院和德国海外学校教育司举办的各类培训及讲座等；我还于 2010 年在上海参加由德国海外学校教育司主办的德语教师培训班，2013 年赴德国参加由德国教育部组织的海外德语教师培训，2016 年参加由德国海外学校教育司举办的 GOLD 培训（DSD 考试考官培训）等。为了提升教科研水平，我也订阅了一些外语教学杂志，阅读外语教学的理论丛书，还主动报名参加了嘉兴教育学院组织的论文写作班和教研骨干研修班，并坚持撰写教学论文和进行课题研究。目前我已有市二等奖以上获奖论文 6 篇，市属课题 3 项，其中成果获奖 2 项。

我觉得，开放的心态和坚持学习的习惯也是相当重要的。时代的发展越来越快，没有什么是一成不变的。以我自己的经历来讲，大学毕业后我换了三个工作单位，工作内容也一直有所调整。值得庆幸的是，我能以积极的心态应对变化，并主动调整自己。另一方面，坚持学习、有技术傍身也是不变的真理。大学以来，我每天都坚持收听收看德语节目，长年保持了较好的语感，这也是后来我能在嘉高招聘德语教师时脱颖而出的一个重要原因。现在我仍然保持着这个习惯，以不断刷新对德语国家的了解，同时对自己的教学也有较大的推动。我会把适合学生的内容改写后用在教学中，既更新了教学内容，也提升了教学趣味。

从事国际教育多年，我也有些自己的体会。当下国际教育备受热捧，不少人还把其视为是"弯道超车"的好机会，其实国际教育也只是一条路径。不管在国内还是在国外，关键还是看孩子适合哪里，选对了才是好的。为了促进项目的良性发展，我们作为从业者也该着眼未来，引导家长和学生从长远角度考虑路径的选择和规划。无论是中加班还是中德 DSD 班项目，我们都在往这个方向努力，并在实施过程中不只关注学业，也重视学生人格的发展。我想，这也是我们两个项目越做越好的重要原因。

2022 年 6 月 1 日

不止是另一条赛道

■ 吴正奇

个人简介

吴正奇，2003 年 7 月毕业于湖州师范学院外语系英语专业，同年入职嘉兴高级中学担任英语教师，2014 年开始在嘉兴高级中学国际部中加班工作。中学一级教师，现任嘉兴高级中学国际教育处主任，曾获嘉兴市秀洲区第十六批教学能手、校先进工作者、优秀班主任，
校师德楷模、校工会活动积极分子等荣誉称号。

　　2014 年 6 月，时任嘉兴高级中学校长的徐新泉校长把我叫到他办公室，让我去中加班担任主任助理和班主任工作。嘉高中加班创建于 2012 年，到了 2014 年已经招了 3 届学生，但是大部分嘉高老师对中加班并不熟悉，只知道他们在科技楼有一层独立的教学区域。中加班的学生跟嘉高其他学生一样，穿着嘉高的校服，参加晨练和学校各类文体活动，只有当看到金发碧眼的外教们行走在校园中时，我们才会意识到我们还有一个国际班。

考虑两天后，我接受了学校的安排。学校对发展国际教育有远大的目标和规划，我也希望能够通过与外教近距离交流的机会进一步提高我对英语的理解，更新我的教学理念和教学方法。在为外教办理工作许可证的过程中，我了解到这些外教都具有加拿大教师资格证、教育学学士以上学位和相关学科本科以上学历，他们是真正的专业教师，而不仅仅只是会说英语的外国人，这是我第一次认识到中加班项目的正规性。

为了更快地进入角色，我详细了解了中加班的创办过程，以徐新泉老校长为首的学校领导在前期筹备阶段考察了各种国际课程，反复比较后确定以加拿大高中课程作为我校国际部的又一个国际合作项目。本项目不仅提供了完整的加拿大全日制高中课程，学生具有加拿大高中学籍，而且也有嘉高学籍，整个高中三年学生都在嘉高度过，最后以嘉高学生和加拿大 BC 省高中生的双重身份毕业，并以加拿大课程成绩申请加拿大、英国、美国等英语国家大学。多年后的今天，看着新冠肺炎疫情导致不少国际标准化考试被迫推迟或取消，以及变幻莫测的国际形势对不同类型国际课程实施造成了诸多影响，而作为全日制高中课程的嘉高中加班在学生毕业和大学申请上几乎没有受到波及，我打心底佩服那时学校领导在选择项目时进行的通盘考虑和高瞻远瞩。

与大多数初次接触中加班项目的老师、家长和同学一样，这些对学校办学性质、课程特色的了解只是管中窥豹。当我开始真正走近外教和学生，并围绕他们深入开展工作后，我发觉我的教育观念和教育实践也开始发生了颠覆性的改变。

面对"非主流"——我的调整

我至今都清楚地记得以班主任的身份走进教室，第一次面对中加班学生的情形，与我事先预想的可以说是大相径庭。在嘉高本部的课堂里，无论我作为英语老师在讲课时，还是作为班主任在进行思想教育和布置任务时，从下面学生的一双双眼睛里，总能看到一些对权威的服从，对师长的崇敬。但是当我站在中加班的讲台上向下扫视时，他们眼中更多的是审视、怀疑和不羁，我很快意识到，要想得到他们的认可，绝不是轻而易举的事。

随着深入了解加拿大课程，我发现批判性思维的培养在他们的教学中有着举足轻重的地位，尤其在辩证思维这样的课程中体现得淋漓尽致。在要求学生对文学著作、历史事件、时事政治进行分析、评价时，没有设定标准答案，他们允许学生的观点不成熟、不完美，但是一定要经过独立思考，要有条理、有逻辑、有依据。学生在这样自由亦不乏严谨的学术环境中耳濡目染，养成了不盲从权威、不轻易下结论、凡事讲依据的思维习惯，这就不难理解我在接班后遇到的审视眼光了。

好在我本身也不是一个"循规蹈矩、上纲上线"的老师。我很快调整了自己的心态，通过向前任老师了解情况、个别谈心、家访等各种方式去更深入地了解每个学生的家庭背景、成长经历和性格特征。这个过程中，我发现这些外人眼中"含着金汤匙出生"的孩子，都有着各自不为人知的烦恼和心结，选择国际课程，也有着各自的抱负、冒险或无奈。这也帮助了我在处理学生问题时，能够站在他们的立场上，追本溯源，帮助学生找到解决问题的关键因素。一段时间后，我客观公正的工作作风和知行合一的做人准则逐渐得到了学生的认可，也使我后期的教育工作更加顺利和有效了。

在中加班里，加方课程教学主要由加方教师团队负责，中方课程教学主要由嘉高教师团队负责，而班主任主要负责德育。这时我发现，本不应该存在，但在当下教育环境中不得不存在的枷锁被摘除，在新的环境中，我的德育工作从某种程度上说可以更加纯粹。事实上，这样的德育才能够更有效地反哺学生的学习效果，只是需要的周期更长，而加拿大课程的学习模式和评价方式能够允许学生有更长的成熟周期，不至于在觉醒时发现为时已晚。

见证"弯道超车"——我的思考

通过中考进入嘉高本部的学生在初中都是班里的佼佼者，他们当中大多数人已经具备了出色的学习能力、学习习惯和学习态度，长期在这样的学情中任教的老师可以说身在福中不知福。而在中加班里，有很多同学中考成绩是达不到重点线的，这使得我在中加班工作的最初两年总是在怀疑：这些学生经过 3 年的学习，能否达到世界知名大学的录取要求？好在加方教学团队，特别是加方课程校长，总是信心满满、胸有成竹。他们总是说"Don't worry. We are doing just fine."（别担心，我们进展很顺利。"）

很快，中加班 2015 年迎来了第一届毕业生 18 人，收到海外大学录取通知书 70 余份，其中 QS 世界大学排行榜排名前 50 的大学 12 份，排名前 100 的大学 19 份。随后，2016 届毕业生再创佳绩，毕业生 26 人，收到海外大学录取通知书 80 余份，其中 QS 世界大学排行榜排名前 50 的大学 11 份，排名前 100 的大学 36 份。此时，我开始认真思索加拿大课程的学习模式和评价方式究竟是如何帮助这批非顶尖资质的学生在综合学习素养方面实现质的飞跃的。

我开始关注外教布置作业的形式和要求，以及学生完成作业的过程和结果，在经过外教同意后进行课堂观摩，并在课后就课堂教学和活动的开展方式向外教请教，了解他们的教育理念和实施方法。经过深入观察和体验后，我认识到，之前很多不了解加拿大课程的人，包括我自己在内，将中加班学生在加拿大课程中获得优异成绩归结于"简单"，这是非常肤浅的。也许有一些理科类课程确实在学习深度、试题难度上存在差距，但真正发挥作用的，是依托课程对学生独立思考能力和批判性思维能力的培养，对团队合作能力和领导才华的培养，对实践能力和创造力的培养。在这样的教育环境中，学生的观点被尊重，创意被认可，成果被肯定，一点一滴的进步都能在成绩中反馈出来，因此大部分学生随着在中加班学习越来越深入，劲头也会越来越足。

事实也证明，这样的培养模式确实是行之有效的。之后每年的毕业季都捷报频传，2017 届毕业生 27 人，收到录取通知书近 100 份，其中 QS 世界大学排行榜排名前 50 的大学 8 份，排名前 100 的大学共 22 份；2018 届毕业生 28 人，收到录取通知书 160 余份，其中 QS 世界大学排行榜排名前 50 的大学 18 份，排名前 100 的大学共 43 份；2019 届毕业生 38 人，收到录取通知书 220 余份，其中 QS 世界大学排行榜排名前 50 的大学 52 份，排名前 100 的大学共 90 份；2020 届毕业生 41 人，收到录取通知书 240 余份，其中 QS 世界大学排行榜排名前 50 的大学 49 份，排名前 100 的大学共 124 份；2021 届毕业生 26 人，收到录取通知书 100 余份，其中 QS 世界大学排行榜排名前 50 的大学 30 份，排名前 100 的大学共 58 份；2022 届毕业生 41 人，收到录取通知书 160 余份，其中 QS 世界大学排行榜排名前 50 的大学 57 份，排名前 100 的大学共 85 份。

更重要的是，看着学生身上发生的蜕变——从沉默不语到侃侃而谈、从不知所措到从容不迫、从轻举妄动到深思熟虑，我被折服了。在传统教育体制内 11 年的教学经历让我明白要实现这样的改变绝非轻而易举，以往在我看来只能在理想中实现的教育理论在这里被一个又一个案例证实。我为这些选择中加班的同学感到由衷的高兴，因为他们在这里找到了自身的价值，能去更大的舞台追逐自己的梦想。

实现"中西合璧"——我的感悟

2022 年是我在嘉高工作的第 19 个年头——在本部 10 年，在中加班9年。对于中西两种教育体制各自的特点和优势，我已经有了充分的认识和了解。尽管中加班是我工作的主战场，但我没有任何厚此薄彼的看法，中国传统教育体制有其不可替代的原因和背景，在一些方面发挥着西方教育难以企及的作用。西方教育是对中国传统教育的必要补充，让人才选拔方式不拘一格，让人才培养方式取长补短，让人才发展道路四通八达。

不敢说，我现在已经掌握了加拿大课程的教育理念和实践的精髓，但是，无论在英语教学还是在德育工作上，客观上我都受到了极大的浸润。常年与外教面对面交流，让我对英语语言的应用有了更深刻的理解。每当学校需要我去本部代课时，我都格外珍惜这样的机会，倾囊相授，看到学生能够在我的帮助下从另一个角度更好地理解英语，是我感到最满足的时刻。2016年，我替一位养病的老师在本部高三代了一段时间课，我的讲课风格得到了同学们的喜爱，当年的英语课代表上大学后，她读的是英语专业，仍然会经常向我请教问题，说我的讲解给了她很大的启发。这都得益于我在中加班工作时的收获。

与此同时，中加班的教育理念也并没有全盘西化。除了教学内容以外，在行为要求和管理上，我们都基本延续了本部的规范和准则，学生身着嘉高校服，与本部学生一起参加升旗仪式、运动会、文艺节，时刻将"嘉高人永远求真"的理念铭记于心。此外，我们强调中国传统文化的根植，重视爱国情操的塑造，鼓励乡土情怀的培养。新冠肺炎疫情在国内最严重的时期，海外的嘉高中加班学子积极行动，通过各种途径向国内捐款捐物，虽是绵薄之力，却见一片赤诚之心。

在负责中加班的管理过程中，我们就是这样一直奉行着鲁迅先生所推崇的"拿来主义"，把传统教育的优势牢牢抓住，将国际教育的长处充分利用。在国际部中外全体教师的努力下，在学校领导和全体老师的大力支持下，嘉高中加班已经成为嘉兴市国际教育最闪亮的品牌。在日趋激烈的国际教育竞争环境中，尽管不断有新的竞争者出现，但我依然对我们的未来充满信心。这种信心，来源于我们在招生阶段对录取学生的严格要求，从而保证有优秀的生源来创造佳绩；来源于我们在做学生工作时耐心的指导和热切的关怀，从而让学生和家长对我们产生的认可和信赖；来源于我们细致周全的后勤工作，从而保证了外教师资的稳定；来源于我们在遇到困难和挑战时不计得失的付出，从而挺过了最艰难的时期。我自豪于我们能够始终保持着教育的初心，以立德树人为宗旨，以实事求是为原则，而这些，正是我们的国际课程扎根之处、我们的学生绽放之源。

2022 年 6 月 15 日

开拓国际视野，深耕三尺讲台

■ 毛丽佳

个人简介

毛丽佳，中学一级教师。嘉兴市秀洲区第十五批、十六批教学能手，秀洲区第十七批学科带头人，获奖和发表论文 10 余篇，主持市属级课题 4 项；编纂"德国国情概况"市级精品选修课；两度赴德培训并考取 DSD（德语语言证书）考官证，曾获全国德语教师教案设计大赛第三名、浙江省德语风采大赛成人组第一名。辅导学生获全国青少年德语创意话剧大赛第二名。教育追求：平等与热情，让学生成为更多元的国际化人才。

岁月悠悠，我在嘉高已经度过了 12 个春秋。成为一名教师，是我从小的职业理想。如果一份工作能承载着你的理想、抱负，还可以引领别人成长，那做这份工作的人无疑是幸福的，我就是那个幸福的人。

专业成长

为了提高专业素养和专业能力，2011 年 11 月我申请了去德国莱茵来普洱法次州 Veldenz 文理中学听课一个月，实地了解德国中学的学制、课程体系和中学生的学习状况。在每天的观摩课中，我认真做笔记，详细记录德国教师上课的模式、与学生互动的方法，得到了很多启发，这给我之后自己上课提供了很多可参照的模板和经验，德国老师基本都是一个人教两个学科，每周课时固定在 25 节左右，在我们看来课时这么多肯定又费嗓子又费精力，其实不然，虽然德国老师课时不少，但是他们课堂上基本是引导、观摩、指导的作用，学生则是在自主讨论、研究话题、表达观点、做演讲、做报告，这也让我对如何真正把课堂留给学生做了很多思考。

2013 年 7 月，我在科隆参加了德国联邦教育局举办的 DSD 语言证书考官证的培训并取得考官证，在此期间系统地学习了如何指导学生备

2011 年 11 月在德国 Veldenz 中学听课期间接受当地报纸采访

考 DSD 语言证书，以及作为考官在各项考试中的考核任务和评分标准，真正落实了在我的教学中指导学生参加语言证书的关键性任务，同年 8 月我在哥廷根参加了由德国海外教育司组织的为期半个月的德国国情课程，与来自俄罗斯、南非、巴西等 20 多个国家的德语老师一起参加培训，在这半个月里海外教育司为我们提供了丰富的国情知识课程，更进一步夯实和丰富了我的德语语言文化知识储备。

2017 年 8 月，我带领第三届 DSD 班学习德语的学生去德国与伙伴学校爱因斯坦文理中学交流一个月，带队的同时全程作为翻译陪同。超负荷的工作是压力也是动力，我深切知道这一个月中德交流的重要性，即使是一次小的交流，也是我们走出国门、放眼看世界的良机，虽是中德文化交流往前迈的一小步，却是学生扩展眼界的一大步，我也为自己能为此出一份力而更加体悟到工作的价值所在。2017 年 11 月在香港参加歌德学院举办的东亚德语教师日，我提交的一个课程方案获得了第三名，在教师日中和来自中国、韩国、日本的德语教师一起听了很多讲座，作为第三名的奖品是为期三个月的线上培训，我的导师是在日本大学任教的德语教师 Yukihiro，在三个月的线上课程中，他给了我很多中肯的教学建议和指导。

2021 年 10 月—2022 年 1 月，我参加了歌德学院举办的中德教育传播者交换项目，结识了德国的中文老师 Christine，

2017 年 11 月于香港获得全国课程设计方案第三名

145

我们一起参加了几个月密集的线上交流会，不仅顺利完成了歌德学院交给我们的培训任务，还把任务继续延续到后续的两校交流当中。这几个月中，我们每周都会进行一次线上会面，讨论如何安排两校学生的线上活动并付诸实践。在我们的共同努力下，两校已经有明确的意向结为友好伙伴学校并在将来进行长期稳定的交流。

教学实践

这些年的各项培训和积淀，让我更加有信心站稳嘉高的三尺讲台，在 12 年的教学过程中，我形成了特有的教学风格。嘉高从建校以来就十分关注课堂教学，一直没有停下践行"以人为本"的课堂教学观的步伐，我校构建的"活力课堂"其中一点就是"以生为中心"，主张在课堂教学中，以学生为学习活动的主体，这是打造嘉高活力课堂的基础。记得在 2010 年初来嘉高应聘时，学校专门从上海请来德国海外教育司专员来面试，在讲课环节，她提了一个问题："课中的这个语法知识点打算如何讲？"我没有讲述应该如何拆解语法点，而是把这个任务交给学生，考虑前面已经有过铺垫，可以让学生自己去寻找规律，同时组成小组互相讨论、一起总结。我当时对教学的想法还不够成熟，但是这种以学生为主导的理念得到了专员的认可和赞赏。在实际教学过程中，我也一直秉承这样的理念来教导学生，不着急灌输知识，"让学生的思维飞一会儿"，不管是课堂还是课后遇到问题，我总是把问题主动递给学生，你觉得哪里不对？原因在哪里？之前我们学过的知识能总结出来吗？循序渐进地推进答疑，让学生有一个自己探索思考的过程。学德语的学生的未来规划大多是去德国留学，学语言只是其中一项任务，但是对于留学的人，独立自主和独立思考的能力尤为重要。记得多年前在浙江省内四所开办DSD项目的学校德语教师交流活动中，我开设了一节德语公开课，过了很久之后再次在上海参加德国海外教育司举办的培训中遇到了一位之前也观摩了公开课的宁波外教，她特意跟我提起那节课并赞赏有加，认为我在课堂上用了很多可视化工具，把实物道具、多媒体、图示等巧妙地融合在一起，充分调动了学生的积极性，让课堂生动有趣又有成效，从当年应聘到实际教学过程中的总结和磨砺，我接受了很多有经验前辈的指导和帮助，数年如一日在嘉高认真踏实地打磨自己的教学方法。课堂是教学的主阵地，我一直秉承教师为辅、学生为主的理念，努力让每个学生德正才优、卓越发展。至今为止完整带领三届毕业生获得DSD B1语言证书，学生的语言证书通过率为98%，公立大学预科录取率均在98%以上，大部分学生现就读于德国柏林工大、慕尼黑工大、法兰克福大学、汉诺威大学等精英大学，其中2013届高同学在柏林自由大学读博，2016届的孙同学在法兰克福大学本科毕业后又继续申请到英国剑桥大学读研深造。2022届蒋同学德语高考首考获得143分的佳绩。

教育科研

作为一线的高中教师，不仅需要实践知识的积累，也需要理论研究的支撑，因此我在课堂教学的实践过程中还积极在教育科研的阵地努力耕耘。教育科研让我经历了"研中明，明中得，得中立"的过程，思辨问题的实质、寻找解决问题的方法是"研中明"，在研究过程中自然会有教育教学理念的更新，是"明中得"，最后在研究过程中获得的解决问题的方法、策略，在教育教学行动中进一步的尝试和应用，便有了"得中立"的意蕴。教学和科研是相辅相成的，教学中遇到的问题、总结的经验、遇到的案例都能推动科研的发展，做科研时理论、规律的总结及方法实施的策略，又能促进教学质量的提升。在此期间，我两次参加嘉兴教育学院举办的教育教学写作班，扩展思路，虚心接受专家的指导意见，从 2014 年开始每年坚持写教育教学论文参评，至今有 10 余篇论文获奖及发表，主持市属级规划课题 2 项、微型课题 2 项。这个过程，是我进一步学习、扎实开展实践、深入思考的过程。在这个过程中，时常有理念与行为的冲突，有实践行动的磨砺反思，更会有教育方法的改变演进。我希望在不断的努力和精进中成为一名既有丰富的教学实践经验又有教育教学研究能力的教师。

示范育人

教书育人，是教师的神圣职责，教书者必先为人师，育人者，必先行为世范。我从刚开始学生口中的"年龄相仿的姐姐"慢慢变成了学生贺卡中"像阳光一样温暖的母亲"。在平时与学生的相处中，我一直严于律己，规范自己的言行。记得有一次与自己的初中班主任聊天，说起当年他影响我的很多小事，他呵呵一笑："有这回事吗？不记得了呀。"毕业了的学生回来看望，我们也经常会一起追忆往事，经常会听学生说当年你说了什么做了什么，让我们有了什么感受什么变化，很多事我都遗忘了。作为教师，面对的是一群学生，而作为学生，在一定时期，面对的是几个教师，教师的很多言行举止都或多或少或深或浅地影响着每一个学生，所以我们需要"尊重"教育，需要慢下来弯下腰认真地与学生相处。记得 2016 届有个杨同学成绩出类拔萃，在高三的时候却突然不想继续读书，连高考都不愿意去参加，自己也不愿意轻易与人坦露心迹。家长在一边干着急，我多次尝试与他谈心，慢慢劝导，每一次聊天，都感觉对他多理解了一分，他也感受到了我的真诚和尊重，慢慢打开心扉，后来参加高考顺利去了德国深造，毕业后家长带着他登门道谢，他在留学期间遇到了专业选择的困惑也会打电话过来征求我的意见。当年他有自己的个性和想法，我选择尊重和理解、慢慢开导，同样我也得到了他的尊重和理解，师生关系才能良性循环并一直延续。

之前看到过一句话："以出世的态度做人，以入世的态度做事，不吝啬对别人的赞美，心向阳光，自己也会闪闪发亮。"赞美是一种神奇的力量。有一年伙伴学校德国爱因斯坦文理中学来访我校，我负责了一部分的陪同翻译工作，有一天一个德国中学生特地跑过来说："我觉得你的口语特别棒，吐字清晰，发音纯正，还非常流利。"听了这话，多日的劳累和压力一扫而空，一下子感觉阳光灿烂、心情愉悦，虽然那个中学生说的话有客气恭维的成分，但是我受到了肯定，有了更大的动力，在今后的教学和生活中更加愿意提升自己的德语水平，更加有自信用外语与别人交流，这是切实正向的效果。以己度人，在平时与学生的相处中，我也经常会尝试真挚和具体地夸奖他们，考试成绩好了不是简单的一句："你真不错。"而是"你这次的完形填空做得很有进步，说明你平时肯定是下了功夫，作文的这几个句子就是之前哪篇阅读理解上的好词好句，说明你用心了，改编得还很有特色"。让学生觉得，我的夸奖不是敷衍，不是搪塞，而是真正把他们的付出和努力看在眼里。时间久了，学生自己有想法、有需要沟通的自然而然会想到我，主动找我倾诉。

中德交流

作为一个德语教师，除了教书育人，身上又多了一层使命——中德交流。嘉高是嘉兴国际教育的引领者，是中外教育的实践地，我作为其中的一分子，身上的使命不仅仅是语言知识的教学，也是文化意识输入和输出的传播者，不仅需要把德国的语言、文化、人文、风俗等传播给我的学生，也应致力于把中国优秀的语言文化介绍到德国。现在的世界，虽然国际化程度越来越高，人的眼界越来越开阔，但是因为地域和观念的差异，不同国家之间的文化差异还是非常明显的，在跟伙伴学校老师的实际交流中经常还是能碰到很多不解和困惑，反之亦然，所以在交流的时候，需要做到文化的平视，不自视甚高也不妄自菲薄。从我学习德语到在嘉高担任德语教师的十几年来，几次的中德交流都让我获益良多，不仅更深入地了解了德国，了解到了很多书本上学不到的知识，也在交流中展现了一个中国的德语学习者的风貌，通过我的介绍让大家更加形象直观地看到一个蓬勃发展中的国家，以及很多中国人的思想随着时代而发生的变化。2021 年我编纂的"德国国情概况"获得嘉兴市第十二批精品选修课。中德交流的意义不仅在于作为一个德语教师的我的收获，更是一个国与国之间、文化与文化之间小小的缩影，我们个体的力量虽小，但通过我们每个传播者的力量，也能聚沙成塔、集腋成裘，涓涓细流，汇入大河。

国外有一个词叫"一生悬命"，有将毕生心力致于一事一物的意思。我从一毕业就在嘉高任教，度过了十几年的青春岁月，职业生涯的下半场也会在嘉高继续耕耘，嘉高"求真""务实"的精神内涵将继续鞭策我、激励我做真教育、育真人才。

2022 年 6 月 5 日

令人难忘的三个嘉高"第一"

■ 潘新华

个人简介

潘新华，1985 年 8 月参加教育工作。浙江省特级教师，正高级教师，浙江省课改专业指导委员会专家组成员，省中小学教材审查委员，长三角基础教育学科专家，浙江省名师网络工作室主持人，浙江师范大学兼职教授，浙江省春蚕奖获得者，嘉兴高级中学副校长，

九三学社社员。主持省市 13 个课题与项目研究，结合教学实践撰写的 100 多篇文章先后在省内外 20 多家报刊发表，编写 23 本书籍，2016 年以来与学生一起共 35 人次获得了国家知识产权局授予的国家发明专利、实用新型专利。

　　教育感言：坚持致敬初心，努力成就师生幸福人生！

光阴似箭，岁月不居。不知不觉，我在嘉高从事高中思想政治教育教学工作已有 20 多年。回望在嘉高的教育教学历程，说实在的，有许多事已渐渐淡忘，而在嘉高直接经历的三个"第一"，则已在我的脑海中沉淀下来，定格在记忆里，清晰且印象深刻。

先说说嘉高建设的第一个市级学科基地。嘉兴市高中政治学科基地是嘉兴市教育局确定的普通高中首批九大学科基地之一。记得 2005 年 12 月下旬，我接到了徐新泉老校长的电话："市里要组织一些省一级重点中学申报嘉兴市普通高中学科基地。学校再三考虑，认为你们政治组蛮有竞争力，所以想让你们政治学科去申报。你看如何？如果没有异议，你去准备一下申报材料。"听了老校长的话，我既高兴，又担忧。高兴的是，我们政治学科能获得学校和校长的认可；担忧的是学科基地建设工作，我们从来没有做过，不知道该如何入手。带着对未来的美好憧憬，也带着些许的迷茫，我们开始了高中政治学科基地的申报工作。2006 年 1 月，经过多轮筛选，嘉高被市教育局确定为嘉兴市普高首批学科基地（政治学科）。老校长在第一时间将这一好消息告诉了我们，组内老师听说后像小孩子过新年那么高兴！同年 3 月 2 日，嘉兴市高中政治学科基地正式启动。建设之初，我们遇到了许多挑战：怎样建设受人欢迎的学科基地网站？怎样做出自己的特色？怎样更好地服务师生？诸如此类的问题层出不穷。幸得大家的共同努力，这些问题在之后的运营工作中得以逐一化解。为了推进嘉兴市高中政治教育教学工作，我们开展了许多独创性的工作，每年面向全市兄弟学校组织开展学科教学开放日活动，高考前夕举办"临门一脚"助力活动，向兄弟学校赠送原创的高考复习资料，连续多年编写"研究课程，导航高考"系列丛书，推出具有嘉高特色的校本选修课程。10 多年来我们完成了网站的三次改版，每次改版质量都提升了一大步（在此，特别感谢网站的重要设计者郭农余老师），网站用户遍及全国各个省市，基地网被省市有关部门多次评为优秀，逐步成为当时国内较有影响的公益性政治学科专业网站，嘉高的高中政治学科基地也多次被评为优秀学科基地。"金杯银杯不如老百姓的口碑，金奖银奖不如老百姓的夸奖"，能够得到上级领导与专家的表扬肯定，得到广大师生的一致认可，我们感到十分欣慰和满意。

嘉高建设的第一个省级学科基地，是浙江省普通高中首批政治学科基地校（首批共四个，除嘉高外，还有浙江省春晖中学、宁波市象山中学、温州市永嘉中学）。浙江省普通高中政治学科基地校是由省普高学科基地培育学校发展而来的。2013 年 7 月，为了深化普通高中课程改革，促进浙江省普通高中多样化、特色化发展，为全省普高学校起到领军作用，经过自主申报、区域推荐、专家评审等环节，省教育厅、省课改办确定了 50 所知名学校为浙江省普通高中学科基地培育学校，嘉高名列其中。之后，嘉高政治学科基地培育学校坚持在实践中研究、在研究中提升。为了提高新课程改革效益，嘉高政治学科基地培育学校潜心研究，努力建设"三心"（生为中心、疑为重心、思为核心）活力"嘉"课堂，坚持"立足'嘉'课堂，让学生站在教学活动最中央；立足研究，让'嘉'教学直击学生学习的困难点"，努力让学生在"嘉"课堂中实现"真探究、真思考、真交流"，逐步形成了"'链接'生活、合作探究、活动拓展、素养培育"的政治学科教学特色，在省市各类学科教学活动中，赢得了众多展示自己的机会。同时，在新高考研究、校本选修课程建设、微课程开发与运用、基于大数据的精准教学、教育教学与技术的深度融合等方面也做了大量工作，取得了不少成绩，得到了省、市各级领导与专家的高度认可。2016 年 1 月，嘉高正式成为浙江省首批普通高中政治学科基地校。在建设的过程中，我们体会到，特色品牌是学科基地校在创建、发展过程中长期积淀下来并被公众认可、具有特定文化底蕴和教育性的一种无形资产。在教育备受关注的今天，特色品牌建设已成为影响基地校进一步发展的关键因素，成为赢得信赖的重要"软实力"，也是促进学校特色发展、内涵发展的重要抓手。为此，嘉高政治学科基地校努力将国家新课改的精神和"嘉木扬长，高德归真"的教育理念落实到自身建设中，注重特色文化品牌建设，持续组织开展了"求真力行"社会实践系列活动，如"模拟政协"、"研学"、STEM 项目研究、小发明小创造活动等，且还坚持将活动课程化。"当代国际政治掠影""采访简明教程——社会实践之走近村官""探访哲学

名人""高中生怎样做微课题研究"等 5 门课程先后被评为浙江省精品
选修课程、推荐选修课程。"公民在行动——高中生社会问题研究三部
曲""芝麻开门——激活投资理财的细胞"等选修课程被评为嘉兴市精
品选修课程。目前嘉高政治学科基地校已基本形成了具有自身特色的政
治学科"三色"(底色、主色、亮色)课程体系和"五星"课程群,在
课程改革方面始终走在省市兄弟学校前列。在教师培养方面,学校依托
学科基地,开展了众多校本培训和研修活动,有效地提升了教师专业素
养,逐步建立起了一支高素质、专业化、创新型的高中思政课教师队
伍,有浙江省特级教师、正高级教师,清华大学在读博士等高端人才,
也有多名市区教学能手,拥有硕士研究生学历的共有 6 位老师。嘉高政
治学科基地统筹安排,多点突破,全面开花,较好地发挥了省市学科基
地"示范、引领、辐射"的作用。

　　值得一说的,还有嘉高的第一个省级政治学科教室——"思想者之
家",这是浙江省乃至全国第一个普通高中政治学科教室。2014 年 6 月,
为了应对新课程改革的需要,浙江省教育技术中心、省教育厅教研室提
出,在浙江省普高首批学科基地校里,率先建设九个示范学科教室(高
考九大科目)。诸多名校都跃跃欲试,希望拿到这一课改项目,竞争非
常激烈。幸运的是,嘉高政治学科基地校拿到了项目。项目拿到后,我
们又陷入了迷茫:政治学科教室怎么建?怎样做出自己的特点来?……
请教了许多人,都说不出个所以然。上网一查,其他学科或多或少有可
借鉴的东西,唯独政治学科找不到现成的资料。为此,徐新泉老校长带
着我和组内老师赴上海、江苏等地参观访问,希望"他山之石,可以攻

玉",可惜收获不多。返校后,我们又召集了学科基地专家组成员开会,可专家组一时也开不出好的"药方"。后来被逼无奈,只好硬着头皮自己搞了,心想:独立自主或许也能闯出一番新天地来。我们依据"嘉木扬长,高德归真"的教育理念,确定了"关注学生的不同特点和个性差异,发展每一个学生的优势潜能,为广大学生提供'适合的教育'"的建设宗旨,明确了"问题导向、需求导向、效果导向"的建设原则,确定了"学科味、实用性、先进性、传承性、特色化"的建设要求。我们踏上了"思想者之家"的创新建设之路。在项目设计、教室装修、设备添置、特色场域设置、资金等方面的协调落实上,我们可谓经历了"唐僧西天取经"般的磨难。在徐新泉老校长、鲁建飞副校长、陈明林老师和组内其他老师的鼎力支持下,在省教育技术中心、市教育装备中心领导的力挺下,我们闯过了一关又一关,最终建成了具有学科特色、适合分层分类走班教学、满足学生自主学习需求、融合先进技术的学科教室。"思想者之家"在一定程度上丰富了嘉高学子成长的时空,提供了嘉高学子多元的成长平台,寻找到了嘉高学子差异发展的一些可行路径。2017 年 1 月,"思想者之家"在浙江省中小学创新实验室评选活动中被评为优秀创新实验室。张益民校长来校后,继续重视"思想者之家"的建设,加大了投入,更新了软硬件,使广大师生有了更好的使用体验。嘉高政治学科教室之所以取名为"思想者之家",是期望它能够成为学生进行学科知识学习的乐园(在此上课有家的感觉)、交流探究的平台、学习成果展示的舞台、学生拓展视野的窗口、陶冶思想情操的场所,能够帮助师生成为会思考、有思想的人。"思想者之家"特有的功能与设施设备，不仅吸引了本学科师生前去使用，也赢得了其他学科师生的一致好评。"思想者之家"在学生学习内驱力的提升与潜能发展、课程改革的落地和学校的特色发展等方面都做出了积极贡献。2016 年 6 月以来，35 项学生研究成果先后获得了国家知识产权局颁发的发明专利和实用新型专利。目前"思想者之家"在省内外已有一定的知名度和

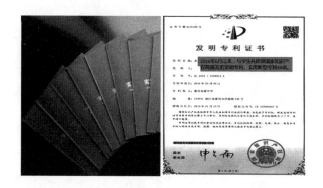

美誉度。2015 年 12 月 29 日，新华社、中新社、人民日报、光明日报、中国教育电视台等十多家主流媒体记者曾来校集中采访，称"思想者之家"为"改变传统教学的'神奇之地'"。一天之内，来了这么多国家级、省级知名媒体，这在嘉高发展史上是第一次。2021 年 10 月，由我参与撰写的特色学习场域建设成果《推动学习方式转变的学科教室设计和应用——基于浙江的实践探索和研究》一文在《人民教育》(2021 年第 18 期) 发表；11 月，在北京师范大学举行的"2021 全球未来教育设计大赛"中获得一等奖；12 月，以嘉高"思想者之家"为代表的学科教室建设成果在浙江省 2021 年教学成果评比中获得二等奖。能将嘉高经验、浙江经验推向全国，是学生的幸运，也是自己人生的幸福，作为

直接的参与者与建设者，我们感到无上光荣。

省市两级学科基地与"思想者之家"在嘉高的建设，前后经历了 10 多年。一路走来，我们虽有许多酸甜苦辣，身心有点疲惫，但也学到了很多，收获了很多。每天脑子里再也盛不下那些烦杂琐事，整个身心关注的都是那些富有情趣的教育教学工作与生活点滴，之后又看到那么多研究成果，听到那么多的感谢声，我们的内心便感到十分充实。学科基地与学科教室建设工作，不仅引领我们走上了一条幸福的专业成长之路，而且改变了我们的生活，让我们找到了人生新的坐标。我想，今后即使无人喝彩，我依然会昂然向前；即使没有掌声，我一样会虔诚歌唱。

2022 年 3 月 21 日

亦师亦友共成长

■ 郎丽芸

个人简介

郎丽芸，2014 年 6 月毕业于浙江师范大学学科教学（思政）专业，硕士研究生学历，现任教于嘉兴高级中学，一级教师。曾获嘉兴市学科基地先进个人、区教文体系统优秀党员和优秀党员志愿者、校先进工作者和十佳班主任等荣誉称号。潜心科研、用心育人，在课堂教学、选修课程、课题、论文、教学案例等方面取得丰硕成果，坚持"严爱相济"的育人理念，努力使学生成为有信仰、有思想、有尊严、有担当的中国公民。

我是 2014 年入职嘉高的，不知不觉已经从一名新教师成长为一名成熟的教师。我觉得老师的时间好像过得特别快，备课、上课、批改作业，与同事交流，和学生谈心，一天、一周、一学期、一届……变的是教学经验，不变的是教学初心。我们陪着孩子们追逐梦想、脚不停歇，却少了驻足停留、回首过往。教师这一职业有苦有甜，有其他职业体会不到的幸福感，当然也少不了良苦用心却得不到理解的挫败感。每当我灰心丧气时，只要想起当年应聘嘉高时我的回答，便会满血复活。嘉高2013年应届毕业生公开招聘面试的问题是"教师除了爱岗敬业之外，还需要具备什么样的品质？"我到现在还清楚地记得我的回答——"我要让自己充满阳光，从而让学生看到希望。"就这么简单的一句话，道出了我想当老师的初心，也让我得到了当年面试环节的最高分。2018届的一位学生在毕业时给我的信中写道："待十年后再来看郎老师，您的斗志与直率的锐气不会被生活磨平。"很庆幸学生能看到我身上的能量，同时也督促我不忘初心、坚守自我。

怀真诚之心教书

我所教的高中思想政治学科其内容具有综合性的特征，涉及的知识较多，包括政治、经济、哲学、文化、法律、逻辑与思维等，这对老师的知识面提出了较高的要求。记得刚开始教学的时候，最害怕的就是上习题讲评课，担心自己讲不好，遇到过课前自己的预设和课堂上学生的反馈有出入；学生对某个选项有疑问，但自己一时也说不清；学生对错误选项的理解居然还有点道理……我想诸如这些问题都是老师从站上讲台到站稳讲台必然要经历的，而帮助我站稳讲台的，除了政治组的老师们，更重要的是我所教的学生。一直以来，我都是怀着真诚之心对待学生、对待教学。人难免犯错，老师偶尔也有讲错的时候，当然，随着教龄的增长、经验的积累，发生错误的概率必须不断减少。遇到题目讲错或知识盲区时，我首先能做到的是坦诚并坦然面对我的学生，这并不丢脸，我还鼓励学生能指正我的错误或者提出比我更好的解释，我给他们进行奖励。我总是告诉我的学生："一个优秀的老师，除了他自身的努力，更需要的是优秀的学生不断推动他前行。"优秀是相互促进的，老师成就学生，学生成就老师。同时，我也很庆幸自己遇到的学生都是善良可爱的，能理解我、包容我，当我偶尔情绪低落时，还会安慰我。

班级中途换老师，对学生而言是适应问题，对老师来说是一个不小的挑战。从学生角度看，师生之间相处会慢慢产生感情，尤其是学生适应了并喜欢之前教他们的那位老师。从接手的教师角度看，不仅仅是来自学生对老师之间对比的压力，更重要是自身的教学心态。来嘉高第一年，我就是中途接的班，学生很喜欢之前教他们的张老师，因为张老师的板书极其漂亮，而且上课细致清晰，但由于学校教学的统筹安排，张老师要去教高三。一开始我很不自信，怕自己是新老师，没有教学经验，学生会不喜欢我。接受是一个过程，从一部分人适应到一部分人喜欢，然后适应、喜欢，慢慢扩散，最后到大部分人甚至绝大部分人适应并喜欢。我所面对的高中生有自己对事物的判断能力，我会肯定其他老师的优秀，当然也不回避自己的短板；在弥补自身不足的同时，更要发挥自己的长处，比如年轻有活力、上课有亲和力。另外一次中途接班，老师之间教学方法的不同让学生和我都出现了不适应，学生有学生的困惑，我有我的坚持，但是师生之间想要融洽相处，彼此都需要往前迈一步。"亲其师信其道"，我努力营造轻松幽默的课堂氛围，拉近师生之间的距离，帮助他们解决困惑，正面引导，让他们慢慢尝试并接受用我的方法学习，只有通过实践才能检验方法是否真的有效。

以真情实感育人

我的硕士生导师曾跟我说过，"当老师一定要当班主任，没有做过班主任的老师是不完整的"。2018年下半年，我终于当上了班主任，用"终于"这个词是因为之前2015年因工作较多未能如愿，2016年因有了宝宝只能推辞，2017年因教学任务重无法承担，所以这一次我是满怀热情地迎接属于我的班级，我把它形容为我的"二孩"。当了班主任之后，最大的感触是让我有了不一样的归属感，因为有一个班级需要我经常去看看，有一群孩子需要我时时去关注。我曾看到过这样一句话："我希望我的孩子遇见怎样的老师，我就要成为这样的老师。"这句话让我对当一个怎样的老师、怎样的班主任有了一定的方向，有时候真的是把学生当自己的孩子一样，但又有别于自己的孩子。2014年刚工作的时候，学生跟着其他老师叫我"郎妹"，我不介意学生这么叫我，这说明我还年轻。2018年，我从"郎妹"升级到了"郎姐"，年龄差距叫"姐"挺合适，听着也亲切。如果问我班里的学生对我这个班主任的印象，"温暖""严厉""护犊子""发脾气"……这些词肯定少不了。关于班级管理，我一直坚持"严而有格、爱而不纵、严爱相济"的育人理念，对学生负责，也是对这份职业负责。

　　我希望学生的三年高中生活除了学习和成绩，还有其他一些美好的事情值得他们回忆，我也努力给学生制造一些小惊喜。印象比较深的是2019年6月1日，我给学生们过了一个特别的"儿童节"，即便是即将迈入成年的高中生，但在我看来，还是一群没长大的孩子。我私下里问家长们要了学生小时候那些可爱的照片，并让家长说一句能够表达对孩子爱的话，还和学生分享了我小时候吃的一些零食。如今他们毕业了，但肯定会记得他们在嘉高还过了一个"超龄儿童节"。每年的运动会大概是学生最期待的事了，它给高中生略带枯燥的学习生活带来了诸多乐趣。我总是鼓励学生积极参加，即便没有运动天赋，勇于尝试一下，对自己来说也是一个突破。2020年的运动会是我带的高三（6）班在校的最后一届运动会，学生第一次对我提出了一个要求——让我和他们一起跳排舞，学生特意选的音乐是《无价之姐》。我犹豫了两天，询问了体育老师这样是否可行，同时担心其他班级学生对此有看法，还害怕自己表现不好影响学生的排舞成绩。最后我还是答应了，不管别人怎么看，我就是想用自己的实际行动告诉学生——勇于尝试真的是一件很棒的事情。没有任何舞蹈经验的我，为了不让学生失望，还特意在外面请了舞蹈老师教我。排舞比赛那天，学生还给我一个小惊喜，用运动会开幕式使用过的纸板，写了"无价之郎姐"。惊喜是相互的，师生情也是相互的，用真情

实感对待学生，学生也会用真心实意感动老师。

用真心与生为友

回忆是一点一点积累起来的，推动着我一步一步往前走，而我的回忆被我储存在了一个收纳箱里，里面装的全是学生写给我的信和卡片，有祝福的、有感谢的、有道歉的、有说心里话的、有幽默搞笑的……我偶尔会打开来翻阅一下，回忆自己和学生一路成长的点点滴滴。2016届是我进入嘉高教学的第一届学生，尽管没有教满三年，但和学生之间的感情真的很友好。这一届毕业的姜扬政同学曾送给我一本笔记本，上面写着"亦师亦友，收获颇多"。尽管我只教过他一个学期，但我们却成了特别"聊"得来的好朋友，大到国家大事，小到生活琐事，无话不谈。如今他还成了我的"老师"，目前他在中国政法大学读法学专业的硕士研究生，而我的教学里正好有法律内容，有时候遇到不理解的题目还会向他请教。2018届是我第一次完整教满三年的一届，选考大走班制度让我这样的选考科目老师认识了很多学生。最刻骨铭心的事是

2017年冬天，难得下雪，更难得的是地面上还有些许积雪，我和学生一起去操场上打雪仗，此时师生之间没有隔阂、不分你我，我们一起释放压力，享受

童真的乐趣。

朋友之间应该彼此信任、互相帮助，欣赏对方优点，包容对方缺点，聆听对方烦恼，给予对方支持，这是我对"朋友"的理解。第一次做班主任能够顺利完成各项工作，其中有一个很重要的原因就是我有一个得力的小助手，他就是班长——施意轩。我对他的感谢不仅仅是因为他帮助我管理班级事务，更重要的是每当我在工作中遇到困难时，他都会像一个朋友一样安慰我、肯定我，让我觉得我的付出还是有价值的。除了他之外，这样温暖的学生还有很多，很幸运，教学路上能够遇到他们，他们让沿途的风景更加美丽。2021届的一位学生在毕业后给我写了一封电子邮件，上面写着："您总是乐意和我们分享您的生活，这些事虽然很小，但对我来说却有滋有味，在我们紧张备考的时候犹如调味品一般，丰富了我们的生活。"我很欣慰学生能明白我的用心。分享彼此生活中的快乐与悲伤、幸福与挫折，都是源于真心，用实际生活经验说理，更具有说服力。美国心理学家罗杰斯说过："学生只有在亲密、融洽、和谐的师生关系中，才能对学习产生一种安全感，并能真实地表现自己，充分展示自己的个性，也才能创造性地发挥学生的潜能。"课堂上需要构建民主平等的师生关系，课外同样需要，彼此相互理解是师生关系融洽的重要推动力。作为老师，不仅仅是"教"，也一直在"学"，其实老师可以从学生身上学到很多东西。在教学路上，我和学生共同成长。

2022年3月30日

用爱拨动学生的心弦

■ 张智怡

个人简介

张智怡，女，1997 年 11 月生，2021 年 6 月毕业于辽宁师范大学学科教学（思政）专业，硕士研究生学历，现任教于嘉兴高级中学，任高一政治备课组长及高一班主任。性格开朗，富有亲和力，对教育事业充满热情。曾获秀洲区教育系统"喜迎二十大　共同富裕　红船青年说"微型党课比赛二等奖。

2021 年 8 月，硕士毕业的我幸运地进入了嘉兴高级中学，成为了一名新教师。我内心既期待又忐忑，尤其是当我接到领导的通知，让我在入职第一年带班当班主任时，这种期待又忐忑的心情可以说是达到了顶峰。好在学校领导和老师给予了我很大帮助，在我遇到问题和困难时都悉心指导我。虽然我没有什么带班的经验，但我有着满腔的热情和充沛的精力。这一年来的种种经历，让我体会到了作为一名班主任的辛苦，更让我感受到了当班主任的乐趣与魅力。巴特尔说过："教师的爱是滴滴甘露，即使枯萎的心灵也能苏醒；教师的爱是融融春风，即使冰冻了的感情也会消融。"班主任工作尤为如此，时时处处需要体现着一个"爱"字——班主任要用宽容的心态去对待学生的过失，用期待的心态去等待学生的每一点进步，用善良的心态去解决学生的实际困难，用欣赏的眼光去关注学生的每一个闪光点，用喜悦的心情去赞许学生的每一点成功，用爱拨动学生的心弦。

平等相待，用心沟通

不论是作为教师还是班主任，我觉得最重要的一点就是要平等地对待每一位学生。但我发现，要实际做到真的很难，因为对班里四十多个学生若要面面俱到，确实是一个比较庞大的工程。不过我慢慢地发现，如果和学生用心沟通、用爱去交流，那么他们会渐渐明白我的用心。

在新高一开学的第一节班会课上，我让班里的每一名同学都写了一张小纸条并交上来，内容是自己对高中生活的期待、对未来的目标，或者是对老师的一些希望。我想通过这些纸条初步了解一下学生的想法。但理想很丰满，现实很骨感——不是所有的学生都能很好地配合我完成。有些同学写的内容很敷衍，比如，"还行吧""没啥想法"……还有些同学压根儿就没有交。出师不利，对于这一结果我很失落，但我控制住了自己的情绪，没有让他们补交。在某天读书时，我无意间看到王煊的一句话："爱生必须用真情，情真方能育良才。"如醍醐灌顶般，我意识到要想打开学生的心门，我需要先做出努力。于是借着第二次班会课的主题，我在全班范围内布置了一个作业，内容是谈谈中考的启示。作业收上来之后，我熬了一个通宵，针对每一名同学写的或反思、或经验、或迷惑、或期待……我都写了不同的回复——

小徐同学：

从你的字里行间能看出你是一个温柔、始终能够看到生活中的小美好的孩子。通过中考这扇门，你不光得到了嘉高这一平台的认可，更从中获取了一定的经验。希望你通过一段时间的学习与慎重思考，确定你未来的努力方向及优势学科，为实现自己的梦想而不懈努力奋斗，在高中三年中能有所得、有所成长，从嘉高这一平台继续迈向自己心仪学校的大门。加油！

小沈同学：

对于你所提出的"高考几乎全是难题、不知如何入手"这个问题，老师想和你交流一下。首先，你无须害怕高考。高考要考查的，只是把知识更加深化系统整合之后，再将知识作一个逆向思维或者变形。举个例子，小学刚开始学加法时，孩子们大多觉得"1＋1＝？"很简单；但如果倒推一下，大家普遍认为"1＋？＝2"要难得多。老师倒觉得"万变不离其宗"，打好基础、回归教材是最根本的。这样无论怎么变换题型、如何去考，你都能够得心应手。高一是你的新起点，未来三年，期盼你变得更好！为了你的理想努力吧！

小金同学：

虽然你既没有进入嘉一中，也没有考进嘉高的数理特色班，但这并不意味着你没有能力，只是现在你的潜能还没有被真正地激发出来。就像你说的，不认真学习，现实真的会给我们上最真实的一课。高中三年，向着你的目标努力吧！另外，老师也想说，成功的取得，天赋、努力、方法缺一不可，所以老师希望你能够找到适合自己的方法。最开始的弦不要绷得太紧，否则后期可能会力不从心；只要方法找对了，学习起来就会事半功倍。医生这一职业或许对你来说有着特殊的意义，医生很伟大，但个中辛苦也不言而喻。既然你已确定好未来的目标，老师定会全力支持你。加油！

小刘同学：

能看出来你是一个很有想法的孩子，愿意多问"为什么"，善于从多样化的角度去思考问题。老师对你的观点是赞同的，中考不会决定命运。而同理，高考也不会决定一个人的命运，它只是为你提供一个更广阔的实现梦想的平台，最终结果如何还是要看自己的努力程度与方法的正确与否。考试成绩只是一个数字，但在高中三年的过程中，你所养成的习惯、为人处世等很多无形的东西更可能会影响你的一生。你在目标上总体比较明确，那么接下来的时间就是努力向其靠近！老师和你交流一个小技巧，就是一定要充分利用课堂上的时间，这比课后做多少习题都有用。当天的知识要当天消化，辅以定期的系统复习，这样的习惯可能会让你的学习更加事半功倍。相信经过三年不懈的努力，你定会考上自己心仪的大学，加油！

……

第二天早自修我把这些纸条发下去，能看出来当时同学们都很惊喜，有些同学当天晚自修就偷偷跑过来找我聊。从这之后，我能感觉到学生和我的距离无形中拉近了很多，他们中有很多人愿意敞开心扉对我说一些事情，和我交流沟通。通过这次经历，我意识到走进学生的内心是需要方法的，要用真情去感化学生，用爱心去引导学生，把自己放在与学生平等的位置上，和他们用心去沟通，才能真正拨动学生的心弦。从那之后我也一直都在想办法通过各种方式增进我和学生之间的交流，包括定期的"谈话预约"、认真批改学生每次考试的反思并写下个性化

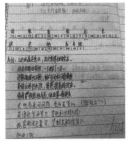

的评语等等。

换位思考，谆谆善导

现在的学生视野开阔，思想开放，行为举止较为成熟，所以很多人往往把学生看成"小大人"，认为他们能够认同、效仿成年人的思想和行为，并基于这种认识对学生进行教育和评价。而事实表明，学生和成年人之间存在着很大的差异，学生的观察、思考、选择和体验与成人有着明显的不同。因此，班主任在对学生进行教育工作的时候，要注意换位思考，尊重学生内心的感受，同时要遵循学生的身心发展规律，进行耐心引导。

班里的小颖同学平时外向活泼，是大家的"开心果"。有一天晚上，自修课间我去教室收作业，路上碰到小颖同学。她一边走一边抹眼泪，我问她怎么了，她也不理我，径直去卫生间了。她的状态不对，于是我去班级了解情况，她周围的同学也说不知道什么情况。一会儿工夫小颖同学回来了，我跟她说话，她还是不理睬，自己回座位一边做题一边流眼泪。我以为她遇到了什么困难不方便在班里说，所以让她到我办公室来。我陪了小颖同学半个多小时，这期间不论我怎么安慰她，问她老师能帮你做些什么吗，需要请假回家吗，她一概不理我，选择把自己封闭起来。快下课了，我不放心她在这种状态下自己回教室，我和她家长取得了联系。她爸爸询问了她几句，然后告诉我孩子不用请假回家。但我还是不放心，在小颖同学回教室后，我关照班长、小颖同学所在寝室的寝室长及心理委员悄悄关注一下。到第二天中午，小颖同学已经恢复了往日的活泼，这件事情暂时告一段落。但在之后的日子里，我陆续发现了好几次小颖同学情绪不佳的情况，而且她在消极情绪里的时候，要么是封闭自己，谁都不理，要么是"无差别攻击"——摔东西，向身边的同学大吼大叫，有一次甚至"误伤"到了我——早上她没有交作业，我去教室里了解情况，她对我说"滚"并摔门出去了。当时我努力平息自己的情绪，让班里同学继续自习，并让她同桌悄悄跟上去看一下。之后我和小颖同学的家长取得了联系，询问孩子在家里的表现。家长向我诉苦，说孩子平常在家里面就很任性，脾气不好，和父母说发火就发火，有什么不顺心的就和家长叫嚷或者摔东西。父母对自己的女儿也很无奈，不知道拿她怎么办。之后我又找机会联系了孩子的初中班主任老师，了解到小颖同学在初中时也时常有这种情况。

了解到小颖同学近期的表现并不是偶然情况，于是有一天在她找我答疑后，我趁机与她聊了聊。在沟通的过程中，我了解到小颖同学其实知道在情绪不好的时候发脾气是错的，但她就是控制不住，因为她觉得别人不理解她。由此，我意识到孩子其实是想要改变的，但可能缺少正确的引导及转变的机会。因此我首先拿她上次吼我的事情举例，从我个人的感受出发和她交流如何去换位思考。我对小颖同学说，如果当时你让我滚，我也情绪激动地让你滚，你会有什么感受？她低头想了想，说我会很难受、很崩溃。我说所以下回再想发脾气之前，先想一想你说的话或者你做的事，如果换成别人对你来做，你会有什么感受？如果你不能够接受，那你也不要对其他人去做。同时，我也鼓励她可以转移一下注意力，多为班级和身边同学做一些事情。正好小颖同学是我们班的文艺委员，每个月都需要布置黑板报任务，这正是一个让大家发觉她转变的契机。慢慢地，小颖同学在班里情绪失控的情况逐渐减少，在班级里的人缘也越来越好。另外，我也抽空去小颖家里做过几次家访，家长也反映说孩子在家里面变得更懂礼貌了，能够体谅父母的难处，对于孩子的转变，他们感觉十分惊喜。

通过小颖同学的故事，我意识到在与学生谈话时，一定要注意换位思考，真正从学生的需要去思考问题。如果当时孩子不愿意说话，可以采取"冷处理"的方法，事后再跟进。同时还要用宽容的心态去对待学生的过失，耐心地引导学生，用爱心和真心促使学生转变。

苏霍姆林斯基说："没有爱，就没有教育。"班主任工作包括多个方面，那么它的核心是什么？通过我做班主任这一年的所见、所想、所感，我觉得这个问题最好的答案就是"爱"——用爱来帮助我们的学生走得更好、更远。正如我的师傅——浙江省特级教师、正高级教师潘新华老师说过的一句话："为爱，我们可以'陪着孩子一起成长'"。做班主任的过程无疑是辛苦的，但同时更是收获满满。因为相对于任课老师而言，班主任能有更多的机会陪伴孩子成长，见证孩子的进步。我未来的路还很长，今后我会不断地摸索，努力提升自己，争取早日成为一名优秀的班主任。也希望以后我还有机会继续做班主任，见证学生的成长，与学生一同进步，继续这门用爱拨动学生心弦的艺术。

2022 年 6 月 20 日

学员·学术·学生：
我的教学发展之路

■ 刘继伟

个人简介

刘继伟，2000 年毕业，2005 年进入嘉高，先后获评市学科带头人、市名师、市杰出人才培养对象。以"坚持学术，厚实人文"为教学理念，省市级课题立项、结题 5 个，

在国家级职业杂志发表论文 20 多篇。先后为贵州、广西、福建等省份送教，多次命制市级各类模拟试题，分别入选省命题、教辅资料评议专家库。

我成为一名历史老师，是命运主导的结果：由于高考成绩竞争力不是那么强，由于填报高考志愿的茫然无序，由于那时师范教育的不受待

见，再由于那时历史教师的更不受待见。但既入此门，即得修行。从历史师范生到历史教师，我坚持修行。

刚开始，教师是一份职业。这是生活的需要，也是十多年前一位宗亲临终前的嘱咐。他已至肝癌晚期，在我们那地儿较有见识，五十出头的年纪，平静地打电话与远方的我道别，嘱咐我搞好工作，一天后即离世。慢慢地，于我而言，老师成为一份有意义的职业，因为我找到了其中的乐趣，有专业成功的乐趣；更是觉得与青年人在一起，参与他们的人生成长，推动某些人命运的积极改变，善莫大焉！以后，我希望老师能成为我的事业。请理解，我是持着遥望和仰望的心态去看待、定义"事业"的。

要实现历史教师从有意义的职业到事业的跨越，我想，得继续坚持我的三"学"之路：始于学员、坚于学术、终于学生。始于学员，即在学习共同体中完善自己，努力向优秀教师学习；坚于学术，即用学术提升自我、保障课堂；终于学生，即重视学生的教学反馈，教学、研究以学生发展为要旨。

始于学员。2002年，我有幸进入市教研员戴加平组建的嘉兴市优秀青年教师研修班这一学习共同体。为期3年的项目结束后，后续参加的学习共同体有嘉兴市优秀青年教师高级研修班（2年）、嘉兴市戴加平特级教师工作室（学员，3年）、嘉兴市戴加平特级教师工作室（导师，3年）、戴加平省名师工作室（学科带头人，1年）。目前，我是嘉兴市余文伟特级教师工作室导师。在这些学习共同体中，众多的嘉兴青年才俊、名师和特级教师成为我的良师益友：不必说戴加平老师已是不惑之年，身兼多职仍报读在职研究生，不必说朱能老师多年如一日读书、研究到凌晨两点的读书热情，也不必说年龄比我小半圈的郑婷婷老师在教学、论文、课题、行政等方面的百花齐放……优秀的同伴是我前进的助力、动力和方向。在那些团队中，我们相互荐书，相互磨课，砥砺切磋，共同提高。我们戏称：我们是有组织的人，也是有身份的人。我们在"名工"（名师工作室成员）和"特工"（特级教师工作室成员）之间流转，我们在团队中成长。目前，嘉兴市在任期内的历史名师均有嘉兴市优秀青年教师高级研修班的经历，这直接说明了虚心学习和学习共同体的价值。始于学员，我也一直是历史教学的学员，学无止境。

坚于学术。在人们的认知中，历史学科属于文科，人文色彩浓厚，这没毛病。2020 版的高中历史课程标准在阐述历史学科核心素养时，也将史料实证、历史理解纳入其中，这揭示出历史学科还有科学性的一面：新史料的面世和研究方法的转换，会赋予原有史事不同的历史叙述。所以，需要多读书，这样可以掌握尽可能多的史料以丰富课堂，让教学叙述有更坚实的支撑；需要多读书，这样可以了解不同的观点，能厘清其成因以让我们在纷繁复杂的历史叙述和现实纠缠中去伪存真。作

为一名历史老师，我的学术研究很纯粹，甚至它也可以不算作"学术"：教学疑难点的解决，举重若轻或深入浅出的教学设计，教师成长的路径，学生发展的心得等，都有涉猎。这些东西都取自我的教学、教师生活，我进行了观察，进行了思索和行动，如此而已。这种持续的读书和写作，充盈着我的从教生涯，也充实着我的生活。还记得刚入职时，同舍三位同事的鼾声伴我修炼《历史学家的技艺》；还记得入职第一年的第一篇教学论文《论乡土史在历史教学中的作用》获市三等奖时何根林老师的表扬和鼓励；也没忘记2013年《"罗斯福新政"备课札记》成为我在国家级刊物发表的第一篇教学论文；而在2016年后连续为福建、贵州、广西等地的老师送教时他们坦诚的学术互动至今仍让我赞叹。坚于学术，学术让我的视野更开阔、开放，教学更有生命力。

终于学生。学生发展是教育、教师的中心工作，那么教师活动的出发点和落脚点都在学生。苏联教育家苏霍姆林斯基曾提出："学生的大脑，不是一只等待被灌满的容器，而是一束需要被点燃的火把。"他从教学论的角度否定了灌输法，但"火把论"也未能全面阐明学生在教育、学习中的地位和价值，因为教学相长：教师实施的教学活动在渡学生，而学生与学生、学生与老师间的互动也能渡教师！故而，重视教学互动、重视学生反馈是我较为留意的方面。一方面，它直观反映我的教学成效；另一方面，更重要的在于，它是促动师生共同成长的催化剂、增长点。学生告诉我说，关于欧洲议会的成立时间，他们手中的两本教材有不同的表述，我一时难有决断。于是，在鼓励他们进行研究性学习的过程中，问题得到解决，研究成果也获得了市研究性学习学生论文评比一等奖。有同学说，北京城按古代风水思想修筑，那"推出午门斩首"一说就是错误的，他们据此出发写出的论文从这一说法的提出、说法的谬误、谬误的成因角度进行构建，也获得市研究性学习学生论文评比一等奖。我在2021年10月为福建省开设的"古代中国选官制"展示课中，引用学生向我讨教的试题作为教学素材，成功地实现了知识总结、知识拓展和教学衔接的一箭三雕。终于学生，是教学的出发点和归宿，更是我育人育己的历练。

与优秀教育工作者相比，我22年的工作经历时间不长，取得的有形、外显成果也不丰硕，泯然众人矣。在这22年中，我遇到了很多职业生涯中的"贵人"，他们的鼓励和扶持让我的教育之路更为坚定、有力；我找到了生活和工作的意义，萌生了将教学从工作升华到事业的思想并已付诸行动。王国维在《人间词话》中提到：古今之成大事业、大学问者，罔不经过三种之境界："昨夜西风凋碧树。独上高楼，望尽天涯路。"此第一境界也。"衣带渐宽终不悔，为伊消得人憔悴。"此第二境界也。"众里寻他千百度，蓦然回首，那人却在，灯火阑珊处。"此第三境界也。这三种境界简单地概括就是"立""求"和"得"。对照来看，我已进入第二层次了：路漫漫其修远兮，吾将上下而求索！

2022年3月22日

读书与我的教学成长

■ 鲍尔青

个人简介

鲍尔青，中共党员，2001 年毕业于浙江
师范大学历史学系，到嘉兴高级中学从
事历史教学至今。工作 21 年来担任班主
任 15 年，其中高三班主任 8 年，教研组
长 7 年，获得"浙江好人榜""敬业奉献
类"候选人、嘉兴市第七批名师、嘉兴
市第十二批和第十三批学科带头人、嘉

兴市教坛新秀、秀洲区满意教师、秀洲区教文体先进工作者、
秀洲区十佳班主任、秀洲区名师、秀洲区优秀共产党员、嘉北
街道"身边的好人"、南湖教育集团优秀教师等荣誉。

工作 21 年来，我的教育理念是，追求直指人心的历史教学，传递
真善教学美！

我的教学策略是，回到历史现场，用好学生资源，分享历史激情，汲取历史智慧，书写自己的历史！

我希望我的历史课堂是有吸引力、有趣、有笑声的，学生能从历史当中汲取力量，这算是我的初心。读书让我可以在课堂上信手拈来一些历史细节，这跟我从小学开始就喜欢阅读很有关系。我看的第一本人物传记是《华盛顿传》，大学期间我在图书馆做了7个学期的志愿者，毕业前历史类书只要报书名，我基本知道在哪个书架的哪个位置。工作后我仍然继续看书，但这种阅读属于浪漫性阅读，随意；出于教学需要，我开始读一些国外的教育理论、教学方法，比如讨论法教学，并尝试运用到自己的课堂当中去改进教学。这一阶段的亮点，我比较注重开发学生的课程资源。我会利用让学生填写历史学习调查表等方式了解学生的基础性资源，开辟"我谈历史"为形式的自主参与情境来调用学生资源。"我谈历史"是由学生在历史主干知识范围内自主选择谈的历史题材，教师提供个别指导，学生谈出选择该历史题材的原因，时间控制在5分钟内，同学点评，教师适当归纳升华。

比如一学生谈《林肯的从政经历》。以编年体来叙述：1832年，林肯参加伊利诺伊州议员的竞选，演说很成功，但失败了。1834年，当选为州议员。1836年，自学取得律师执照。1847年进入国会，曾提出一个在哥伦比亚特区逐渐地、有偿地解放奴隶的提案，但未成功。1850年，林肯很少参与政治活动，拒绝当国会议员，继续当律师。1854年，共和党成立，林肯加入，成为共和党的组织者。1856年，在党的副总统候选人竞选时，林肯曾明确表示"我们将为争取自由和废除奴隶制度而斗争"，这次竞选没有成功。1858年林肯发表《家庭纠纷》的著名演说，这次竞选没有成功。1860年，林肯成为共和党的总统候选人，11月，以200万票当选为美国第16任总统……最后这位学生说："大家一定注意到了我多次提到的'失败''没有成功'，但是1860年他成功了，想想我们平时遇到的不如意，通过林肯，我们应该相信道路是曲折的，而前途是光明的。"

学生点评：原来林肯遭遇过这么多的失败。我只知道林肯是鞋匠的儿子，家境贫寒，喜欢阅读，后来当选了总统，但是今天才知道他是经历了这么多失败，不放弃，继续尝试，才实现了梦想的。可见坚持梦想的重要性。

教师：感谢2位同学。因为点评人评得情真意切，而演讲的同学不仅得到了同学的热烈掌声，自己也收获了更清晰的历史意识，同时帮助同学们从历史中汲取前行的勇气、力量和智慧。

教学的关键就是要为学生创造出各种条件和平台，让学生在体验中完成历史学习和自我的双向建构，最终实现学生的主动发展。学生是课程的主体，应发挥学生对课程的批判能力和建构能力的作用。

随着教学的深入，我觉得教学应该有更多规律可循，只是我不知道。于是，2008年我考上了华东师范大学的教育硕士。在职教育硕士上课主要集中在暑假。考虑到孩子还小，我选择每天往返嘉兴与上海。每天坐早上6:58的火车赶往上海，通常8:30我准时坐在教室里上课，我比浦东的同学还来得早，没有落过一节课，即使是公共讲座我也要听完再回来。这一路上我都在看书，读老师们推荐的书。其中有一本对我影响非常大——詹森的《基于脑的学习》。它使我关注脑科学的发展，知道呈现并不是学习，我更加相信教育是有规律的。我按照自己的理解设计公开课，撰写了教学设计《一代雄狮拿破仑》，这篇教学设计获得了全国一等奖。这一阶段我注重如何设计问题，关注学生答错后我如何去解答，我怎么做课堂观察。我读了已经出版的课堂观察的书籍。这一阶段读书主要是精确性阅读，主要关于课堂教学方法和实践。在《一代雄狮拿破仑》的教学设计中集中体现了这一时期我的教学思想，我选取了片段展示：

为谁而活？——《一代雄狮拿破仑》教学设计

【教学设计思路】

据脑科学研究表明，人脑擅长寻求快乐，寻求新异；人脑在真实的生活中，以沉浸其中的方式、多种途径学得最好。因此，教学要触动学生的情感才会有意义。教师就是要架起连接课堂教育与真实世界的桥梁。本课通过引导学生探究"拿破仑为谁而活"整合教材，通过"分享历史建构"和"聚焦历史细节"展开历史追忆，由拿破仑推及学生个人"你想为谁而活？"探讨一个道理：个人价值与社会价值的实现并不冲突，两者可以兼顾。

以大事年表的形式知道拿破仑的主要政治活动：平定王党暴乱、发动雾月政变、建立法兰西第一帝国、颁布《拿破仑法典》和发动对外战争等。学会解读历史图片、文字类史料，认识拿破仑称帝、颁布《民法典》、进行对外战争对欧洲资产阶级革命的影响。感受拿破仑把握历史潮流并努力进取的精神，体会时势造英雄，英雄可以推进或延迟历史进程；认同个人价值与社会价值的实现可以兼顾。

【学情分析】

学生对拿破仑有一定的了解，但不全面，知识点需要梳理；历史图片的解读不全面、不精准，文字类史料的解读需要强化抓关键词、分清层次两项技能；评价历史问题过于模式化。

教师要注重开发不同的课程资源，如学生制作的大事年表、共性的错误、网络上贴吧中有助于学生学习的信息等等。

长期的阅读促使我不断成长。评上高级教师后，我开始认真思考自己的未来。每年仍然会买许多书，但是很多书买了 2 年也不打开看，我对自己很失望，阅读效率很低，只有要交论文时才会急吼吼地读书。我寻求改变。我选择加入了三期自控力社群和线上微信社群，每期 70 天，基本内容是读书与写读后感，每天必须写 200 字以上，在"简书"App 上更新。第一期从 2016 年 8 月 31 日开始至 11 月 8 日结束，我读了 17 本书，一共写了 4 万多字的读书笔记，历史类有《中国皇帝的五种命运》《论法的精神》（上）《中国古代建筑 20 讲》《中西文明对照》等，其他主要是有关写作的书籍。第 2 期我读了 16 本，写了 5.5 万字的读书笔记，第 3 期我读了 12 本书，写了 3 万多字的读书笔记。这段经历正向强化了我的读写能力，发现了自己的潜能，同时开始备考博士。这一阶段我参加了市优质课比赛，经历了说课、再说课、上课的程序，正是在这一备赛过程中，我慢慢形成了自己的教学风格：以历史人物为中心去设计教学，用细节去打动学生，让学生意识到每一个人都会经历喜怒哀乐，我们可以从历史中汲取力量。

这一阶段我的读书趋向综合性阅读。我专门读了《教师如何做课题》等指导科研的书，开始关注读书如何从存量变为流量，要学以致用。这一改变是我读秋叶的《一本如何高效读懂一本书》那里获取的，考虑如何转化，转化为课题、讲座、论文、原创试题。比如 2017 年我为天利 38 套命制了一份原创性的高三选考试题模拟题，原创性题目达到 80%，20% 题目只允许改编，《极简欧洲史》《中国史纲》等平时读过的书都派上了用场。

以下是我在读《论法的精神》时摘录的句子，后为《专制下的启蒙》命制了一道材料题，除去检查学生的学习效果，也有让学生再次感受启蒙思想家们为了自由而作的长期思考。

材料　政治自由绝不意味着可以随心所欲。……自由是做法律所许可的一切事情的权利；倘若一个公民可以做法律所禁止的事情，那就没有自由可言了，因为，其他人同样也有这个权力。……为了防止滥用权力，必须通过事物的统筹协调，以权力制止权力。

——孟德斯鸠

问题：根据材料指出作者的主要观点，并概括其影响。（3分）

参考答案：三权分立。（1分）是古希腊、罗马政治理论的发展，体现了人民主权的原则，为近代资本主义国家政治体制的建立奠定了理论基础。（2分）

我的读书也熏陶影响了学生对阅读的热爱。以前晚自修督班时我一般带2—3本书到教室看，下课后总有学生来跟我交流关于读书的事情：他读了什么书，他喜欢读什么书，我也会发表看法，也会把书借给学生，学生读完书后也会写历史小论文参与评奖。

读书开阔了我的眼界，使我不忘初心，并让我一直保持思考的状态。

除了历史教学工作，我至今做了15年班主任工作。读书尤其是教育硕士阶段的教育学、心理学的学习对我的班主任工作具有较大影响。沈烈敏老师的心理课对我影响很大，她对"学业不良"的原因分析让我不再以经验主义的眼光看待学生，读了她的《学业不良心理学研究》，让我在转化学生中如虎添翼。

学生学业不良是个恶性循环，学业不良导致学生对学习产生不良情绪，自尊心受到伤害，自信心被打击，会对学校生活产生消极对抗情绪。从学生本身来说，学习动力不足、归因不当、环境适应能力差、不合适的学习方法策略等因素，都是造成学生学业不良的原因。所以，我努力寻找学生的闪光点，让他有成就感，感到被尊重，尝试做改变。

我曾碰到过一位"睡神"——同学因这个男生整天趴在课桌上呼呼

大睡而给他起的绰号。从他"空降"到我班开始，我没有批评他，没有看不起他，而是认真地向他父母、以前同学、老师们去了解他，尝试去理解他的行为。我想总有原因使然，否则很难做到。原因不会主动展示出来，需要教师自己观察、了解、分析，真相才慢慢展开，或者说是我所认为的真相才清晰起来。该学生心地善良、乐于助人，因为每到运动会，他提前跟我说，老师钉鞋您不用费心了，我负责借和还，他总提前把一大纸板箱的钉鞋带到我办公室，因为怕放教室有安全隐患。多细心的学生！我在全班面前感谢他、表扬他主动为集体做事。他说他喜欢我们这个班，但是来了还总是睡觉。等理清思绪后，我找他聊天。

我说，老师觉得你是一个特别孝顺的孩子。

他有点不好意思地低头说，老师，我怎么会孝顺？

我说，你看，你其实不喜欢读高中，你喜欢组装玩具、看小说，但是父母希望你来读高中，所以你每天背着书包来学校，但是由于太久没学数学了，所以你不太听得懂，这样上课只能睡觉了。虽然你不愿意来，但为了父母，你每天都来，你说你是不是很孝顺？

他说，老师，你怎么知道的？其实，我一点都不孝顺，我知道父母让我学习是为我好，可是，数学我真的不会，初中时我就不太爱听课了，现在是真的听不懂了！我不来，有时爸爸说要揍我！老师您别联系他，你有什么事情跟我妈讲。

我说，你其实说话还是守信的。一开始，你答应我，上课听课，你在我的课上确实从来不睡觉，听课很认真，所以老师觉得你是个信守承诺的孩子。既然你不太喜欢读高中，要不我跟你父母说，让你选择自己喜欢的事情去学习提高，好吗？

他问，这样可能吗？

我说，先试试看吧！（这个建议父母拒绝了，但从此他觉得我是真正理解他的老师，也是替他着想的老师。）

他以前遇到的老师以批评为主，而我总努力发现他的闪光点。每次都找他的闪光点去表扬他，他慢慢承认自己有做得不好的地方。我多次联系他家长，告诉他们孩子在学校里的良好表现，劝告孩子爸爸要理性对待，坚持用发展的眼光去看他。最后，他真的很拼，通过了所有学考，还凭借自己的美声唱法考进了一所师范大学的音乐系。这让我更坚定地认为，教师要懂得换位思考，适时引领学生，不断鼓励学生，帮助学生找到自己的兴趣点，做最好的自己。教师很多时候其实在与学生身上的魔鬼战斗，要耐心，要坚持，不要动不动就说这个人教不了了，还是转学或者退学吧，把他无情地推向社会。我觉得遇到了就是缘分，而你掌握着决定这是一段幸运之旅还是不幸旅程的主动权，通常我选择坚持唤醒学生，让他知道老师没有放弃他，老师相信他。

问题学生身上还是拥有许多闪光点，欠缺的是发现这些闪光点的眼睛！发现闪光点的过程，也是帮助学生正向重新认识自己的过程。

教育难在识人，更难的是还要助人，教育的本质是拨动心弦的艺术，是需要老师不断学习和实践反思的科学。

2022 年 5 月 12 日

课堂外的"心"事

■ 马国良

个人简介

马国良，嘉兴高级中学高级教师，毕业于浙江师范大学人文学院历史学专业。曾在《教学月刊》《中学生天地》《思想政治课教学》发表全国高考文科综合模拟卷和高考文科综合卷评析；

在《教学与管理》发表相关论文；秀洲区第九批教学能手，秀洲区第十一批学科带头人。

我认为：与人结交，是一场心灵与心灵进行沟通的旅行。从教20多年的我，在课时、课余时间，常常与学生交流一些不同的话题，在话题中寻找着师生间的支点和论点。虽然语言比较平凡，但在这些看似直白的语词中，老师慢慢地走进了学生的心灵，学生也渐渐地走进老师的心灵，彼此在心灵的深处逐渐找到共同进步的交点。人说，渡人先渡己，是的。渡己，是一种智慧，老师在不断地阅读书籍、认识自然、认识社会中丰富了智慧。渡人，是一种延伸，"学高为师，身正为范"，让我们的智慧在延伸中发展和创新；渡心，是一种修养，让师生间的心灵共同旅行，滋润和涵养着心灵世界。老师，平凡而朴实；学生，年轻又活泼。师与生之间，课堂内外，"心"事在校园内外演绎着……

两年前，L 同学给我打电话说，老师我想去学校拍婚纱照，我说你这个创意很好，怎么会想到的。他说新娘也是我们学校毕业的，他们是校友，更重要的是，高中的学习生活让他真正懂得了尊重，明白了人存在的价值。

L 同学的这一创意，让我想到了课堂外的许多"心"事……

信　心

高中三年，学习是很苦的，学生学得很累，老师教得也累，师生共同生活在一个忙忙碌碌、紧张的环境中。教师工作的重心之一是帮助学生调整好心态，让大家在平和的心境中一起生活、一起成长。以平常心看待每一天、每一堂课、每一科作业、每一次考试、每一次挫折与进步；以宽容的心审视自己身边的每一位同学，审视自己的每一次努力和付出，审视自己的一言一行。经历了高中三年生活的每一位学生，都在用自己的实际行动证明自己的能力，以良好的心态引领自己的成功和未来。

L 同学，是一位性格比较内向的男生。我们一直相处了三年，点点滴滴中，我感受着他的成长……

在高二结束前，我找他谈了一次话。

在办公室坐定后，我给他倒了杯水。"L 同学，你知道老师想跟你聊些什么吗？"（我的语气非常缓和）

"无外乎考试成绩。"（他似乎很不在乎）

"你说对了一小半……"他很好奇地看着我。接着，我就从他的优点开始聊，包括同学对他好的评价、家长对他的鼓励、老师对他的肯定。听了这些之后，他开始对我们的话题感兴趣了。我又扯到了我的大学生活、我对大学的看法、我对教育的理解，甚至我对人生的想法。后来，我告诉他，"老师建议你以平常心看待即将到来的高三学习生活"。

L 同学的英语和数学基础比较薄弱，我决定先从英语上帮他找到突破口。高二暑假，我给他父亲打了电话，建议家长帮他在英语学科上试着去寻找一些学习信心。暑假里，他去了在大学里教英语的大伯家。他大伯要求他每天背诵并默写 30 个英语单词，L 同学都照做了，也做到了。

20 天后，他回到了学校，人比以前明显精神多了，心态也好了许多。高三的第一次综合考试，他的英语成绩上来了；第二次，他的进步更大。他来找我，"老师，我的英语成绩上去了，我想接下来主攻数学了"。我朝他点了点头，看来，他是找到了自己前进的动力和方向。

关　心

　　课余时间我找一些学生谈心：从家庭到社会，从个人理想到现实，从学习到生活，从自己人际关系到班级同学关系，等等，从中我可以了解学生的所思所想，也增进了我与学生之间的感情。他们有着对自己家庭的那份深厚亲情，有着对自己所在学校的浓浓真情，有着对同学、朋友的真挚友情，有着对自己美好未来理想的憧憬。当然，在这些心声中，隐含着他们对自己学习现状的不满和信心的缺失，也隐含着他们对自己理想能否实现的担心。他们也有很多感到遗憾的地方，比如，初中时代对学业的荒废，从小到现在家庭对自己关注度不够，五彩缤纷的世界对他们的诱惑，家长、老师、社会太注重结果而忽视了对他们成长过程的关注……

　　就拿 S 同学来说吧。他的历史学科一直是我教的，从高一开始，我一直在关注他的历史学习状况。春假以前，历史选考班重新分班，S 同学还是在我的选考班里。某天，我脑海中突然闪过一个念头——让他做这个历史选考班的总课代表，但我对自己的这个念头还是心存几分忧虑的。

　　我把 S 同学请到办公室，直接说明了自己的想法。没想到这是一次让我对他有了重新认识的好机会。

　　"S 同学，我想让你当历史选考 C 班的总课代表，你想做吗？"

　　半分钟后，他这样回答我：

"好的。"虽然语气很坚定，但我从他的眼神中感觉到他还是有些犹豫的，犹豫的是我是最终决定了还是在试探他。

"选考的历史课代表不是很好当的，很累的。"我没有直接答复他，而是想再考验考验他。

"这个我知道，6个班级都会有学生在这个班里，作业收交起来比较麻烦的。"他的语气还是很坚定。

"那你准备怎么收作业？"

"老师，你以前不是每个班级都有小课代表嘛，这次你也安排几个小课代表，让他们先把班级的作业收上来，然后我再上交整个选考 C 班的作业。"看来，他的反应还是比较快的。

我还想再考验他一下。

"按照你前面的情况，这个课代表工作开展需要勇气和毅力，更需要智慧。"

"这个嘛……"他有些犹豫，但马上拍着胸脯说，"老师，您放心，我知道您的想法了，我会认真学好历史的，更会认真做好这个工作的。"

"此话当真？！"

"当然，我保证。再说你以前也经常找我谈历史学习的事，我一直没有什么进步，怪难为情的。"他说着，流露出了男孩少有的腼腆之情。

"那好，这个课代表就交给你了。如果……"

"放心！老师，我一定做好！"他信心满满地接过了我的话茬。

之后，我向他交代了历史课代表主要要做的工作及其流程。

S 同学在担任历史课代表以后，工作积极主动，认真负责。有一次，他跟我讲，"老师，某某班级的 4 位学生中只有一位同学是自己在真正做作业的，这个你懂的"。我明白了他的意思。日后，我单独找了其中两位学生谈话，明确说明作业的重要性和作业完成的自主性。其实，课代表能把这个信息告诉老师，证明他的课代表工作已经做得很到位了。

S 同学担任课代表之后，学习情况明显改善了，他不仅听历史课更加认真，而且作业正确率提升了，书写也变得非常工整。我把他的这个转变与其家长进行了沟通，家长也非常开心。

某次，S 同学来交作业，他看到我们办公室的桶装水快没了，便悄悄跟我说："老师，你们办公室没水了，我帮你搬桶水上来。"我诧异地看了看他，对他的改变感到由衷的高兴。

放 心

尊重每一位学生，"以人为本"，不仅需要语言的交流，更需要心灵的沟通。心灵的沟通才是人世间最动人、最温暖的经历，因为教育是心灵沟通的艺术。而我们教育的对象是活生生的人，所以教育是充满了人情味的心灵交融。著名教育家陶行知先生说过："真的教育是心心相印的活动，唯独从心里发出来的，才能到达心的深处。"从中我领会到，离开了情感，一切教育都无从谈起。以感情赢得感情，以心灵感受心灵。对于 L 同学、S 同学，我找准了教育机会，敞开自己的心扉，与他们进行真诚的沟通，因为老师应该关心他们、帮助他们，这是我的职责和内心真实的想法；而他们在我的引导之下，有了对成功的渴望，他们希望在高中时努力一把，为自己的将来铺垫一个更好的起点，这是他们内心最真实的想法。

同时，教师是学生的良师益友，对学生我们应宽容以待，容人之失或不足，在通情达理中暂时性地回避学生的反感，采用灵活委婉的方法去引导他们，鼓励他们。因为每一个人都有自己的优点和长处，因此我们要善于挖掘学生的这些优点和长处。古人云："教也者，长善而救其失者也。"因此，教师要告诉学生，你有很多优点和长处，这就是你的特长，这些优点和长处是你一直坚持努力的结果；同时你要相信只要你在其他方面也拥有这份恒心，你一定也会慢慢成功，甚至比你现在的长处更长、优点更优。这样，我们既保护了学生的自尊心，又促进了师生的情感交流，更能让学生在以后的为人处世中更有信心，有更大的成功的把握。美国教育家罗达·贝克梅斯特尔说："如果我们希望自己的学生自信，我们就必须相信他们。"人民教育家陶行知非常信赖学生，他说："我加入儿童生活中，便发现小孩有力量，不但有力量，而且有创造力。"我们教师要引导学生主动向老师请教，虚心向同学学习，认真有序地、全面地复习应考的每一门功课，做到胜不骄、败不馁，乐观地对待竞争，情绪稳定，心情好。同时，要相信自己只要努力就有希望，用希望激励自己，用目标鞭策自己，用理想鼓舞自己，用信念控制自己，用乐观调节自己，用奋斗提高自己。这样，就能唤起自身内心的阳光，为未来的发展打下良好的心理基础。

2022 年 5 月 14 日

对教育心存敬畏

■ 汪茉莉

个人简介

汪茉莉，中学一级历史教师。工作以来，一直以虚心而勤勉的态度学习与思考，两次获嘉兴市优质课一等奖，承担多次嘉兴市展示课、两次省级展示课；撰写论文数篇，其中一篇获嘉兴市一等奖，一篇发表于《历史教学》，并被人大复印资料全文转载。为"嘉兴市学科资源建设"设计了十几个微课课例，教学设计获人民教育出版社优秀教学设计奖，并收录《高中新课程历史学科核心素养优秀教学设计》(黄牧航教授主编，该书被广东省教育厅列入教师用书书目)。

《教师的 20 项修炼》中有一段话触动了我："20 世纪 60 年代初，美国工程师普莱西研制出了世界上第一台程序教学机，他把学生学习

的知识内容编排成一个个独立的小步骤，让学生通过人机对话，分步进行知识学习。程序教学机的发明和使用，使人们似乎看到了教育新的曙光。据此，有人提出了所谓的'非学校化'主张，认为在未来信息化社会里，教师这个专业将不复存在，学校也将消亡。"

距离程序教学机的发明已过多年，我们今天真实地生活在信息化社会里，教师这个队伍似乎没有消亡，反而在不断地扩大与发展。

这不禁引起了我的思考，教师到底比那些可以进行人机对话的教育机器多出了什么？我们最终会被教育机器代替吗？

这就涉及一个核心问题，即教师的价值在哪里？我一直认为这个应该是我们为人师首先要面对的问题，是我们站在三尺讲台面对学生赤诚与信任的目光之前应该认真想清楚的问题。诚然，科技与信息高速发展到今天，用机器去完成传授知识、答疑解惑是完全可行的。从这个意义上说，传统意义上"传道授业解惑"的师者是完全可以被机器取代的，从知识层面上说，你永远不可能懂得比程序输入的机器还多。那你与它相比优势在哪里呢，或者说我们的核心价值在哪里呢？

于是我细细地回忆了我12年的教师生涯，扪心自问：作为教师，这12年，我有体现我的价值吗？我的价值在哪里？

价值在"课堂言传"

12年前，告别了我本来以为会一辈子都不分开的我的"青衣"与"青白瓷"，因着一个决定，于骄阳似火的夏日拖着行李箱来到嘉兴。初上讲台时，面对 50 多双眼睛的时候，我是喜悦的，小心翼翼地喜悦着。虽然在读研期间已然在这三尺讲台站了一年有余的时光，但是跟正式参加工作相比，这是两种完全不同的体验。给大学生上课可以天马行空，随意讲到哪里算哪里，给高中生上历史一定要在特定时间特定框架内教授特定的内容，达到特定的目标，这种种限定一度令我抓狂，但也令我痴迷。将特定的内容经由自己的智慧和语言用各种独特的方式演绎给学生，每个知识点如何落实、每个环节如何连接、每个问题如何设置、每个活动如何尽可能地调动学生积极性，都是一种妙趣横生的挑战。我想这便是独属于老师的"课堂艺术"，这种"课堂艺术"便是一个老师的价值所在。

我想课堂不是单纯的知识的教授，还在于眼神的流转、理念的交流及精神的传承，正是这种对课堂艺术的追求与坚持，让我在 2014 年与 2016 年两次获嘉兴市优质课评比一等奖，也承担如"G20 峰会与你我他"主题教学活动、"甘肃省新高考研修活动"等展示课，还为"嘉兴市高中新课标新高考学科资源建设"设计了十几个微课课例，获人民教育出版社优秀教学设计奖。

价值在"课外身教"

课堂以外，我带领学生一起创建了"一群呕心沥血的历史汪"微信公众号，目前共发布了 108 篇原创作品，引导学生运用课堂知识做视频、画漫画、命题、写历史剧，尝试用视频、录音、漫画、链接等各种形式讲解课堂知识，致力于创建一个基于兴趣的减负增效的学习平台。

在公众号运营一个月时，我给主创们写了一封信，关于初衷，在信中我写道："我应该跟你们说过，做这个号的初衷是想让大家在学习的过程中学会去思考，我希望你们边学历史边梳理逻辑，逻辑不通的地方会想着去阅读，去查资料弄通来，从而形成完整的逻辑。我还希望你们在学习的过程中会反思，会整理，把碎的知识点进行整合、延伸，从而加深认识。这样梳理和反思的过程，对你们自己是一个成长，对看的同学，也是一种成长。令我欣慰的是，你们都很棒，已经初步做到了梳理和反思，但分析力还不足，而这种分析力，是需要我们阅读量增加以后才能慢慢形成的。"

关于公众号的名称，在信中我写道："我一度想把名称换成'可以听的高中历史'，但被好几个同学说太严肃，大家还是坚持现有名字，那么，我想把'只'字改成'群'字，你们看如何？之所以这样改，是因为昨天有同学问我，读了大学还能不能投稿，我想说的是，如果你们因为这个号而养成了历史书籍阅读和写作的习惯，从而形成历史思维的话，那将是我最开心的一件事情了，再者说，这个号我只是在管理和编辑，负责这个号的主要成员是你们，我希望你们可以把它看成历史

学习和思考的记录者，它以后会变成你们青春的一部分，我相信，会是令人自豪的一部分。"

正是因为有这样的初衷与信念，自招募令发出后，我教的近一半学

生表示愿意参与进来，并且非常积极地出谋划策"可以设置一些类型的栏目""以及什么内容学生感兴趣"。据不完全统计，学生为公众号完成的作品有 200 多个，并且有一些质量颇高，很是花了一些心思。另外，因为微信公众号平台的推广性，学生很积极地转发，仅 2020 年 3 月 15 日发表的《[改编歌曲]小姐姐把古代政治唱出来了》这个视频，观看量就达 1655 人次，这样一种大范围的展示与互动更加刺激了学生的积极性。

学生是"未完成的人"，这里的"未完成"不仅指生理上的未发育完全，而且指在人格方面的未完成性。他与我们老师相处的时间占去了青春的大部分，对于学生来说，我们的语言、我们的微笑、我们的形象及我们的习惯，都是一种无形的教育资源，这种言传身教的力量是任何高明的机器都无法比拟的。

价值聚于"情怀"

戴加平老师的《优秀教师团队建构的行动与诠释》一书中有这样一个自问：假如让我重新选择，我还是愿意当中学教师吗？戴老师对自身

情况做了分析以后自答：我才年过三十，精力充沛；我喜欢中长跑，形成了坚强的毅力；我毕业于浙师大，有较扎实的专业基础；更重要的是，坎坷的生活已给了我勤奋踏实的品质

和较为系统的教育科学理论。有了这一切，我也就拥有了成功的希望。读到这一段的时候，我对自我进行同样的自问自答，得出的答案是：我也年过三十，也有较扎实的专业基础和较为系统的教育科学理论，在毅力与勤奋上有所欠缺，但是比较幸运的是，我们嘉高历史组是一个充满活力、团结协作、极具凝聚力的团队，我又连续加入了戴加平特级教师工作室与徐文伟特级教师工作室，遇见一群有毅力并且勤奋的小伙伴，所有这些优秀的同伴拉着我一同前行。我在不断的阅读、教研与实践中越来越明晰自己的教育理想：我想专注于育人，拥有开阔的视野、独立的见识、宽广的胸怀、自由的心态，专注于成长为一名学者型教师。

那么如何践行我的教育理想呢？如何专注于成长为一名学者型教师呢？

在近几年的教研过程中，这条路径变得越来越明晰：课堂教学对专业阅读提出导向，专业阅读为课堂教学提供学术支撑；课堂教学为科研提供选题与素材，教学科研为课堂教学经验提供理论升华与改进方向；专业阅读与课堂教学是教学科研之本，教学科研是专业阅读与课堂教学之结晶。这条路径引领我的专业成长道路，例如2019年嘉兴市高中新课标新高考学科资源建设，我选择《中外历史纲要》（上）第11课做了4个微课，然后把4个微课合并打磨上了一堂市级展示课，然后写了一篇教学设计，获人民教育出版社优秀教学设计奖，此后根据教学设计及上课反思写了一篇论文《教材史料应用策略刍议》，探索引导学生如何运用手边的教材史料自主学习，发表于《历史教学》，并被人大复印资料全文转载。这个教学案例还被黄牧航教授选录于《高中新课程历史学科核心素养优秀教学设计》，该书被广东省教育厅列入教师用书书目。最后，这一系列成果使我对这一课的方法有了越来越系统的认识，"高中历史教材史料的全景式学习图景构建研究"于 2022 年 5 月获得市级课题立项。

教育是一项人对人的工作，我们面对的是一群生理、心理发育正在渐趋成熟的少年，他们的成长需求不仅仅是知识，也不仅仅是方法，他们需要有情感交流及对社会的认知。人与人的交流重点应在心与心的交流。我经常叩问自己：如果没有对学生的爱心、对工作的热情，没有时时的以身作则，没有专业成长的教育理想与情怀，我比机器好在哪里呢？我想只有时时反思这些，才能对教育心存敬畏，才会自然去修炼言传身教的艺术，汇聚成独属于自己的教育情怀，才不会沦为可被机器取代的教学机器！

2022 年 6 月 7 日

做学生的知心人

■ 张雪晴

个人简介

张雪晴，嘉兴高级中学教师，2021 年参加工作。毕业于南京大学，硕士研究生学历。

苏霍姆林斯基曾说过："教师不只是让学生记住知识，而且要注意发展学生的精神世界。"而要进入学生的精神世界，就需要打开学生的心灵之门，同时也需要找到学生心灵的钥匙。这个过程是复杂、琐碎

的，但是打开之后的欣喜是不言而喻的。

从开始工作以来，我一直希望能够找到这把宝贵的钥匙，成为学生的知心人，但是起初时无从下手，不知如何开展。直到我遇见了他们，才有了一些感悟。具体来说，就是老师要做学生的知心人，要主动走近学生、倾听学生；要真情关心学生、关爱学生；要悉心教育学生、引导学生。

以爱之名，走近学生、倾听学生

有一位学生，她叫晓晓，她在课堂上怯怯的，害怕发言，不敢直视我的眼睛，也总是不大愿意写作业。这一天，她甚至交上一份空白的作业。这是怎么回事呢？我想，无论如何得好好跟她沟通一下了。我的第一反应当然是请她来办公室，面对面地聊聊。不过我转念一想，行不通——晓晓的性格，是那么柔软易碎，在其他学生看来与老师的正常交谈，在她眼里，可能不啻于一场"酷刑"。她是我的学生、我的孩子，我不愿意她来承受过分的压力。

那么，究竟要怎么做呢？

据我平日的观察，晓晓在课后的活跃度并不低。她经常会与同学聊一些关于表情包的话题。相比于语言，表情包是一种活泼的沟通工具，既然这是晓晓更喜欢的，是她运用起来更自在的，我就决定从表情包入手，尝试用表情包让她卸下心防，拉近彼此之间心与心的距离，实现真正的沟通。于是，我利用批改作业的机会，在她的作业本的空白处，画上了一个代表"疑问"的颜文字，并附带一个"小蓝与他的朋友们"的表情包，配上文字"等一个答案"，委婉而不失幽默地提出要她按时写作业的要求。做完这些以后，我的内心十分忐忑，既期待这颇"幼稚"的做法能起到作用，又害怕晓晓误以为这是戏谑、调侃。

这一天，我不是她的老师，而是一位同样怯怯的友人，焦急地等待回音。

终于，第二天的作业收上来了，我迫不及待地找到她的作业本，打开一看：不折不扣的工整作业！而在上次的评语那儿，赫然多出了几个卡通人物，文本框里故作歪扭地写着"收到"两个大字，与作业本上的端正字体相衬，竟然有一种奇妙的和谐之感。那一刻，我意识到所有的思虑与不安都是值得的。

就这样，一扇无形的大门打开了，我与她常常通过这种方式交流。她会在错题旁边标记表情包，分享她做题时的思路；也会在材料旁创作绘画作品，标注她对知识的理解；或者是在我的表情包式评语后，做出有意思的"斗图"互动。我也会以图文的方式，帮助她理解易错的知识点，纠正她不合理的做题方法，传递我对她学习和生活上的关心。

这给晓晓带来了很大的变化。渐渐地，她成为班上最认真的学生之一，上课也变得积极，回答问题时不再嗫嚅着不敢说，而是很有自信、很有底气地发表见解。与之相应地，她的成绩也在稳步提升。我欣喜于她的转变，感受到非常强烈的幸福感。

更没想到，她还会给我一些意外的惊喜。在一次答疑中，她主动过来问问题。这一次她见到我，眼神明媚，笑容灿烂，声音也很响亮。在近距离的交谈当中，她可以直视我的眼睛，也可以完整地表达出自己的思路。在问完问题后，她突然说道："张老师，我以后想当一位设计师，设计表情包、商标和海报。"我意识到，她在跟我讲述她自己了，不仅打开了门，还信任我，领我进去参观她的世界。随后她又说了很多，说的时候眼睛里都是闪闪的光芒；同时，她在我眼里也发了光，俨然与之前印象里弱小怯懦的形象截然不同。我真诚地鼓励她："你一定可以做到的。"听了我的话，她越发欢快，雀跃地回去了。而我的内心却久久不能平静。

这次谈心，我终于走进了晓晓的心里，成为了她的知心人。这是我第一次拿到开启学生心门的钥匙，我感受到了学生心灵的美好、单纯，也感受到了获得感、价值感。在这个过程中，我通过智慧寻觅钥匙，用真心换取真心，用尊重和理解打开了学生的心门，这是一次难忘的经历，也是一笔宝贵的财富。

真情实意，关心学生、关爱学生

慧慧总是独来独往，寡言少语。在课外时间，偌大的教室里常常只有她小小的身影。在一次考试中，慧慧名列前茅，我想，一定要抓住机会，好好表扬认真又努力的孩子。

刚卸下考试重担的学生们，大都沉浸在成绩下发之前的轻松时刻中，玩得不亦乐乎。这天课上，我在全班学生面前表扬了慧慧，说她连续几次稳定发挥，是我们学习的榜样。令我没想到的是，没有几个人喝彩，没有几个人鼓掌，甚至有些许不和谐的咂嘴声。我赶紧看向慧慧，她低着头正写着什么，仔细看，好像又没写什么，手里的笔就像自尊的刀，一下一下刺破白净的纸张，也深深刺痛了我的心：她大抵难过极了吧，明明通过努力获得了优异的成绩，却没能在集体中得到该有的称赞。作为新老师的我还不知道如何应对这种场合，只好草草收场。

经历了这件事后，慧慧越发沉默了，甚至上课也不大认真听了，低着头、画着线条是她的常态。我心急如焚，一直在设法抚平慧慧心中这道伤疤。跟班里同学沟通后，我掌握到一些信息，慧慧的性格大概比较内向，朋友不多，同学们不太了解她，甚至对她有误解，觉得她骄傲自大，故而对她取得的进步显得冷漠。于是我决定好好与慧慧聊一聊。

这天中午，我掐准时间，佯装上楼，不出所料，我和正下楼的慧慧打了照面。我告诉她我也要去超市，让她陪我去办公室拿一下钥匙，这样就争取到了充裕的谈话时间和轻松的谈话氛围。我问她中午吃什么，她说她喜欢吃浪味仙，于是我跟她分享超市里好吃的零食，她放松了不少。随后，我又表扬了她，认可她的成绩，她只是笑了笑，接着沉默了许久。我告诉她，我了解她的付出，愿意做她的朋友，当然也会因为她的优秀感到开心。随后，一前一后的我们默默地走出超市，要分别了。

她叫住了我："人不知而不愠，不亦君子乎？张老师，我很高兴有你这个朋友。谢谢你！"

还没等我做出反应，她已经早早溜进教学楼，消失不见踪影。

宁静的午后，蝉声呜呜，这一刻，一丝微风恰从面上拂过，那么轻柔、和煦。

下一节课，我重新看到慧慧充满求知欲的眼神，看到她笔下所记的不再是烦恼，而是整整齐齐的笔记。我很欣慰，至少慧慧知道了我对她的信任、支持。慧慧的个性孤寂，谁也不能强逼着她去交朋友，我们应该做的不是改变她，而是真心实意去认识她、接纳她，去关心她、关爱她，让她自己逐渐拥有一颗强大的内心。

陈寅恪曾说过"理解之同情"，治史如斯，育人亦如此。高中生正处于青春期，性格迥异的他们可能会遇到各种各样的问题和苦恼。作为教师的我们，应该充分理解学生的所思、所忧、所盼，不以恶意之心去揣度安排，而以朋友之心去走近关怀，让学生在老师的关爱、关心中化解困境、走出阴霾。

悉心涵养，教育学生、引导学生

小宇热爱历史学科，对历史事件与人物有独特的见解。在课堂上，他很活跃、幽默，常常能惹得同学们一片欢声笑语。在开始学习"中华民族的抗日战争和人民解放战争"这一单元时，他对"日本军国主义的侵华罪行"认识不够深刻。

教育的根本目的就在于立德树人，教书的过程也就是育人的过程。我意识到，应从学生的现实情况出发，合理安排这一单元的教学。于是，我精心设计"从局部抗战到全面抗战"这一课，通过丰富的音影史料，让学生系统地认识日本军国主义对中国的步步侵略和犯下的滔天罪行，涵养学生的家国情怀素养，培育学生树立正确的价值观。

有一个环节，我特意让小宇为大家朗读"乌镇大屠杀"的相关记载。起初，他觉得很荣幸，语调是惯常的欢快。然而随着"叙述"的展开，他的音调渐渐低沉了。当他读到"路上每两人臂绑臂，用铅丝穿通手底心。就在当天晚上，这批人被日军用刺刀、军刀杀死在严墓镇北街荣泰酱园后面的玉皇浜，断头折臂，血肉模糊，惨不忍睹"这一段时，竟有哭腔。环顾周围的学生们，也都在他的朗读声中进入情境，感受到日军的残忍恐怖。朗读完毕后，整个班级落针可闻。随后，我对这则材料进行总结："日本军国主义侵我国土，扰我家园，甚至想要灭我国族，可以说，中国人民到了最危险的时候，在这至暗时刻，中国人民没有放弃，这就是伟大的中国精神，希望同学们能从历史中汲取出正能量。"

摄于新授课《从局部抗战到全面抗战》

在这节课结束后，一些同学主动找到我谈话，小宇就是其中一位。他说的一句话，让我印象很深刻："我总感觉历史离我们很遥远，没想到这样活生生的事情就发生在乌镇，发生在我们身边！"课本文字是抽象的，材料图片是遥远的，哪怕是一组组骇人的数据，往往也无法冲击到这群没什么概念的孩子，家乡的故事、身边的例子却能够给他们形成冲击。

我追问他："你有听爷爷奶奶、外公外婆说过关于抗日战争的故事吗？"

他说："我很小的时候听说过一些，记不大清了。"

我告诉他："下次回家问明白，回来给大家分享，好吗？"

他郑重地点了点头。

按照约定，后面的课堂上，我给小宇准备了8分钟的展示时间，让他讲述他祖辈的抗日见闻。同学们都没想到，平日咋咋呼呼的小宇竟然也会有这么严肃的一面。他讲得那么深沉、认真，让全班认识到了这段历史的厚重。我在课堂设计中运用了充分的乡土史料，加上小宇的分享，学生们纷纷自发去搜集、去学习，体悟到抗战年代中国人民的坚韧，体悟到今日的和平来之不易。

知学生冷暖，解学生忧愁；想学生所想，急学生所急。每一个孩子都是一本书，有的直白，有的晦涩，有的厚，有的薄，而老师需要做的，不是拿模板去评价他们，而是拿心读懂他们。这是作为新老师的我应当努力的方向。

2022 年 5 月 28 日

教育，是一场温暖的坚持

■ 沈丹丹

作者简介

沈丹丹，中学地理一级教师。2015 年毕业于浙江师范大学地理科学专业，2021年调入嘉兴高级中学。曾获嘉兴市优课、海盐县青年教师业务竞赛一等奖、海盐县说课比赛二等奖、校级优秀班主任、校级先进个人等荣誉。先后主持执笔市县级课题 4 项，课题成果获市级二等奖、县级一等奖，多篇论文发表或获奖，主编市级精品课程 1 项。

"丹丹老师，明天中午有空吗？我终于旅游回来啦，过来看看你呀！给你带礼物了哦！"附带一个可爱的比心表情。刚回到办公室，我就看到了手机微信上小嘉的留言，满是溢出屏幕的欢欣与雀跃。

小嘉是刚刚毕业的学生。本以为高三临时接班、只是任课老师的我，和学生的交集不会很深，却没想到，后来我和小嘉之间发生了那么多的故事。

那年，由于学校教学安排调整，我被安排任教小嘉班的地理。对小嘉的初印象：一个瘦瘦小小的女孩子，不太起眼，属于"热闹是他们的，我什么也没有"的那一种。后来，从班主任口中了解到，原来小嘉是妥妥的"别人家的孩子"，学习成绩优异，工作能力强，各方面表现都很出色。我才知道，原来小嘉只是比较低调。日子就这样一天天地过去，时光流逝地平平静静。

但有一天，我和小嘉之间的平静却被打破了……那天晚自修，我正在办公室备课，学生匆匆跑来告诉我，小嘉的情绪不太好，状态不对，让我赶紧去看看。于是，我把小嘉请到了办公室。看得出来，小嘉的状态非常不好，低着头，双手紧握，一言不发，像是在极力忍耐着什么。我耐心地询问小嘉发生了什么事，有什么我可以帮助她的。可她只是站在一旁，拒绝和我交流，一副痛苦压抑的样子。我一时没有什么办法，只能让她在我办公室待一会儿，平复一下情绪。晚自修很快结束了，我把小嘉送回了寝室，并嘱咐同寝室的同学多关注一下。这时，小嘉拉住了我，一脸怯意，"沈老师，我睡不着"。"那老师在这里陪着你吧，等你睡着了再回去。"

宿舍窗外，月色疏朗，光影斑驳，而我已昏昏欲睡。"老师，我好难过，我好想哭啊！"小嘉带着哭腔的声音怯怯传来，我这才后知后觉地反应过来，此时小嘉的心思肯定很重，她快到极限了，亟须一个释放的途径。为了不影响宿舍里其他同学，我把小嘉带到了老师休息室。"想哭就哭出来吧，没事的，老师在呢。"或许是真的忍不住了，小嘉再顾不得旁人的眼光，开始默默流泪。不记得过了多久，小嘉情绪才慢慢稳定下来，只是仍不愿意开口。我只能安抚她，让她先休息，有什么事可以下次再说。第二天，小嘉没来上学。班主任说她父母把她接回家去调整了。我想，回家调整一下也好，看小嘉的状态，心里得藏了多少事情呀。一周后，小嘉来上学了，见到我还是有些羞涩。又一个晚自修时，她主动来到了我办公室，送了我一块巧克力，说很不好意思，那天晚上给我添了麻烦。我对她说，"不介意的话我们可以聊一聊"。也许是觉得给我添了麻烦，也许是念在我陪她入睡的情谊，在我的耐心启发下，她慢慢打开了心扉。她说和她一起的小伙伴成绩都比她优秀，她怎么努力都追赶不上，觉得很挫败，明明初中时与他们差距不大；她说她的父母很优秀，名校毕业，而她目前的成绩只能勉强上个211，觉得给爸妈丢脸了；她说高三很痛苦，坚持下去好难好难……听着她的诉说，我的心里已经大致清楚了她以往行为的原因：在学习上，由于自我认知的偏差，存在习得性无助；在亲子关系上，父母的优秀导致她压力过大，自卑和焦虑情绪较为突出。

于是，我沉浸到她的故事中，顺着她的情绪，因势利导：你现在的成绩还好，也有自己的闪光点；父母从来不会觉得子女不好，相信你的父母也肯定以你为傲；高三很苦，但快熬出头了，再坚持一下……那天，我们交流了很久，我后来看到她眼中有光。她表示会努力调整自己，努力坚持下去。

我以为接下来我会看到眼中有光的小嘉，可是她的座位竟然空着。

原来药物的治疗已经让她开始失眠，白天已经无法集中注意力，甚至教室里同学们学习的样子都会让她抓狂。本就因为觉得自己成绩不够优秀而失控，再加上吃药又影响学习，这已然陷入了一个无解的局面。距高考不足三个月，我不知道小嘉最终会如何，只是为她感到可惜，难道真的要走到休学这一步吗？如果可以，我愿意拉她一把，我把我的微信留给了她。

于是，或清晨，或午后，或深夜，我总会收到小嘉的微信。"丹丹老师，我躺在床上很久了，一点睡意都没有，等着天亮""真的好痛苦啊，书本上的字我一个都看不进去"……字里行间，我看到了小嘉内心的痛苦煎熬、苦苦挣扎的绝望。我决定做一个温柔而坚定的陪伴者。我开始了在微信上和小嘉的互动，或倾听，或鼓励，或安抚，或引导。如果只是每天花费一些时间，就能把一个孩子拉出泥沼，那为什么不呢？

终于，磕磕绊绊地，高考结束了，小嘉考上了一所不错的大学，选择了自己喜欢的化学专业。我心想终于大功告成了。然而某一天，当时，我已因工作调动来到了嘉高，我又收到了小嘉的微信："丹丹老师，学校让我休学了，我好难过。"我惊呆了，前不久还在和我兴高采烈地分享大学生活，怎么一下子就走到了休学的地步？作为看着小嘉一点一点熬过高中阶段的旁观者，我真的难以想象，看来小嘉病情又严重了。许是高中那几个月的陪伴，小嘉对我是信赖的，所以我们又开启了"网聊"模式。

第斯多惠曾说："教育的艺术不在于传授本领，而在于激励、唤醒和鼓舞。"育人需要唤醒和鼓舞。对于小嘉的现状，我并没有指责，而是试图去倾听和理解她成长过程中的烦恼、困惑与无奈。与此同时，我也赶紧联系了小嘉的父母，约定了后续的教育与引导。

我又开始时常收到小嘉的信息。"丹丹老师，我看到你上课讲的丹娘沙丘啦，我拍了照片，你以后上课可以给学弟学妹们看了"，"我给你装了四川盆地的紫色土，你不用网上买啦"，"我看到了南迦巴瓦，好幸运"，"丹丹老师，我自制的火箭成功放飞了，接下来我要做化学实验，预习大学的课程了"……在小嘉休学的这段时间里，在我和家长的共同引导下，她把自己的学习和生活安排得很充实，情绪也更稳定了。

感恩节，我收到了小嘉的一封感谢信，信很长，其中有这么一段文字："感谢生命中出现了你，给了我一束光，让我有了力量去对抗所有的不美好。感谢你没有放弃我，一次次聊天，一次次对话，拉我走出泥潭，让我漆黑的世界，出现了点点星光。"

我非常庆幸，我从来没有放弃过小嘉，哪怕曾经有过退缩的念头。我不知道未来小嘉会如何，我只知道未来的她将会继续远行，如果需要我的帮助，我依然会毫不犹豫。雅斯贝尔斯曾说："教育就是一棵树摇动一棵树，一朵云推动一朵云，一个灵魂唤醒一个灵魂。"教育之路漫漫，我愿做那一棵树、那一朵云、那一个灵魂，去摇动、推动、唤醒我的学生们。毕竟，教育，本就是一场温暖的坚持，更何况陪学生走过一段稍显艰难的旅途，本就是教师的职责。

一半风尘仆仆，一半星辰大海，也许极尽琐碎，却浸满美好温暖，期待诗和远方，愿继续坚守，不负韶华。

好了，不说了，明天，我将要赴一场温暖期遇。

2022 年 6 月 12 日

尊重学生　静待花开

■ 常庭芳

个人简介

常庭芳，毕业于福建师范大学地理科学学院，2021 年 8 月参加工作，现在嘉兴高级中学担任地理课教师。

苏联教育学家苏霍姆林斯基曾经说过：只有教师关心学生的人的尊严感，才能使学生通过学习而受到教育。教育的核心，就其本质来说，在于让学生始终体验到自己的尊严感。

常常听到，教育学生要尊师重道。其实，教育不仅要倡导学生尊重老师，也要倡导老师尊重学生，这是个双向的过程。关注、尊重学生提出的问题，以平等的视角和心态与学生相处，拉近师生之间的距离，让彼此的心灵更易沟通，共同进步，谓之教学相长；同时在这个过程中耐心等待他们的答案，给予学生展示的舞台，真正使学生学有所思，思有所解，谓之学有所获。

作为一名新老师，我一直将爱和尊重学生作为自己教学工作的核心，但起初更多的还只是停留在字面意思，我对其意义并未真正理解。后来学校给我们新老师提供了"青蓝工程师徒结对活动"这样一个平台，我有幸结识了我的师傅王国利老师和嘉高许多优秀的前辈，通过听课、交流，我对此才有了一些感想。尊重学生好比看一场戏，如何才能看一场好戏，不光要台上三分钟的演绎，更要台下十年功的坚持，最后好戏才能开锣。

台上"三分钟"

在讲"地域文化与城乡景观"一课时，和学生提到地域文化这个概念，我问学生徽派建筑有什么特点，影响其建筑特点的原因有哪些。小红大声回答："徽派建筑屋顶坡度大，是为了排水，与当地多雨的气候有关。"我对此表示赞同，而其他同学也纷纷表示屋顶坡度大小与当地气候有关，并提出与徽派建筑中屋顶坡度相反的例子——新疆平顶房。于是我顺势总结，并指出：对于中国而言，一般越往南走，屋顶坡度越大，越往北走，屋顶坡度越小。正当我完成对屋顶坡度与气候这两个概念关系的讲解时，余光一瞥，小蓝和小绿在交头接耳。我感觉有点奇怪，这两个孩子平时比较低调，一般不怎么在课上讲小话，这是怎么了？此刻的我，完全没想到，这一分钟会引发一个什么样的故事。

我走到小蓝身边，询问他有什么问题，他和小绿对视了一下，害羞地说："老师，我之前去过东北的哈尔滨，那里房子屋顶都是尖尖的，比嘉兴这边民居的屋顶坡度还要陡，怎么就越往南走，屋顶坡度越陡？"这的确是个有趣的问题。于是我问全班同学："东北在我国北方，为什么东北的房子屋顶是尖的？"有胆大的学生马上回答"因为它是拜占庭风格呀"，可能是由于这位学生可爱的语气，全班爆发一阵大笑。看着他们满腔热忱地思考、讨论其原因，我在想，干脆不如多留一分钟让他们讨论。这一分钟，我决定尊重他们提出的问题，耐心地等待，也许会给我意想不到的惊喜。

看着全班激烈地讨论，我走过去，看到一位上课经常开小差的学生也参与其中，就问他是否有想法。他回答说："探讨原因应该从人文和自然两方面思考。"我喜出望外，继续问同组其他学生："你认同刚刚那位学生的说法吗？"学生回答说："是有一定道理的，他是从文化角度去说的。"我肯定了他的思路，他笑得很开心。于是我随即点起一位笑得很开心的学生，问她有何想法。学生站起来说："刚刚小紫说的有一定道理，他是从人文因素考虑了，如果从老师刚刚讲的降水与屋顶坡度的关系，我觉得也是可以的，东北哈尔滨靠海，冬季降雪多，屋顶尖是为了排雪。"这个回答让我很满意，顿时心里满满的自豪！我满心欢喜地说："之前强调分析问题可以从自然和人文因素两方面思考，学生们都能用上，看来今天的这一分钟，非常值得。"这一分钟里，我选择尊重学生提出的问题，给予学生更多的发言权和表现的权利，突然发现以前那些上课不专心、课上打瞌睡的学生，此刻也都在讨论和交流，我和学生们都有了收获。我心想，看来可以进入下一个知识点的学习了。但是我本以为的结束，其实却是个开始。

台下"十年功"

当我讲到徽派建筑除了屋顶坡度的特色外，它还是白墙黑瓦，指出白墙刷的生石灰具有杀菌功能，所以气候湿润的皖南地区用其刷墙，不容易滋生霉菌。正当我满心欢喜、准备擦黑板时，我们班的"优秀补刀手"小橙终于没有压制住他的天赋，兴奋地说："老师，生石灰加水会发热呀，这地方本来就温度高，应该降温才对，岂不是丢了西瓜捡芝麻？"全班传来一阵大笑，大家又安静下来，陷入了思考，班里学生的目光齐刷刷地都聚集在了我这里，我对此也有了疑惑，一时不知如何解答，感到既紧张又惭愧，但教学还要继续下去，便说："这个问题老师确实无法解释，小橙提得非常好，下课后等老师查完资料后，再来解答。"当我说完这句话，本以为有些捣蛋学生会起哄，但学生出奇地配合，课堂教学依然有序进行，我心里默默感恩学生对我的尊重。我顺势翻篇，开始了下面的教学。

下课后回到办公室，我在网上查阅了许多资料，始终是一头雾水，无法解释。也是在查资料的过程中，我发现了学生所提问题的价值，并愈发觉得教育是个教学相长的过程，许多平时不容易注意或自然而然认可的观点，对学生来说能有新的发现，也让我更加深刻地认识到，在今后的教学中，要更尊重和重视学生提出的问题。正巧同办公室的许老师在，我便询问他来了解生石灰加水放热对当地气温的影响。许老师非常热心地详细给我讲解了原因，我听后豁然开朗。我很感谢小橙在课上提出的问题，于是决定找来小橙，让他做点什么。这一分钟，让我更加理解台上的三分钟其实需要台下十年功的磨炼，教学不仅仅是对学生的单向输出，其实也是一个不断丰富教师自身学识的过程。

"好戏"开锣

小橙茫然地来了。我告诉他，他提出的生石灰加水放热是对的，但是其中是有个过程的。我想请他做明天的课前汇报讲解。小橙听到后很惊讶，他说："上课提出的这个问题，虽然有疑问，但其实也是出于好玩。老师你竟然不批评我扰乱你上课！"我笑了笑对他说："你提的这个问题很有价值，堪比牛顿头上的苹果，很好地打开了咱班同学的眼界，并很好地将地理和化学结合在一起，好好准备吧！"小橙开心地对我说："老师，您放心，我一定要让这个问题发挥价值。"我点头说："好！看你的了！"这一分钟，属于我和小橙——一位满怀期待的老师和一位承载期待的学生。

第二天上课前，我请小橙到讲台上来，同学们都很奇怪。小橙整了整衣领，走上讲台，竟然还拿出了U盘！这让我很惊讶。小橙竟然准备这么多材料来和大家解释他提出的这个问题。他讲道："生石灰加水是放热的，放热冷却结束后形成石灰水，当地人才把这些冷却形成的石灰水刷到墙上，此时已经和水结合过了，是不会再放热了，所以也就解决了我之前的疑问。并且刚形成的石灰水是偏黄色的，为什么我们现在看到的那些民居墙很白？"底下的学生也是一脸疑惑，于是他又满脸自信地说："这个是因为刷到墙上的石灰水会吸收二氧化碳，从而形成碳酸钙，而碳酸钙是白色的。"说完后潇洒地走下了讲台，引来一阵欢呼和掌声。可能是太紧张了，小橙的语速有点快，感觉全班同学还没有反应过来，他就讲完了！我抬头看了看表，刚刚好一分钟。一刹那有点后悔，后悔怎么没有带手机过来拍下小橙的这一高光时刻，简直太帅了！不光把放热问题解决了，还解释了我没有提到的墙越来越白的问题。这一分钟，属于闪闪发光的小橙！

之后我开始讲授新课，这节课学生的回应和状态出奇地好，以前不是那么乐意提出问题的学生，也乐于提出自己的疑惑，课上大家都很轻松，学习效率也很高，新课结束后还空出 10 分钟的时间让学生做练习。更让我开心的是，这件事情后小橙有了巨大的改变。其实他之前是个调皮又难搞的学生，之前上课总是变着法扰乱课堂纪律，我一直对他有些偏见，总觉得这孩子只会捣乱。这件事后，他上课听得特别认真，多次举手回答问题，考试成绩也有了进步，让我对他刮目相看！

反思自己在对待小橙的问题上，很多次都是作为老师的我处理不当，没有做到尊重学生的个体差异性，先入为主地把他定义为"坏小孩"；也意识到课堂上要多关注学生的细微表情，尊重学生提出的问题，给予学生更多的发言权和表现的权利，用爱关怀学生。学生需要尊重老师，老师也需要尊重学生。对学生而言，教师的尊重是一种理解，一种关怀，一种弥足珍贵的爱，会让学生爱上一门课，爱上一位老师，爱上一所学校，甚至受益终身！这是我作为新老师需要努力的方向。我会坚定自己最初的坚持，尊重学生，耐心教学，静待花开。

2022 年 4 月 10 日

杏坛三十载，析疑辩微，且行且思

■ 姚庆傅

个人简介

姚庆傅，毕业于江苏师范大学物理系；嘉兴市物理十佳教师，嘉兴市第三批名师，嘉兴市第八、九批学科带头

人，嘉兴市物理学科基地专家组成员，曾获评江苏、浙江竞赛辅导优秀老师。现为嘉兴市中学物理学会理事、监察长，浙江省普通高校招生统一考试命题、高中学业水平考试命题教师备选人员，嘉兴市普通高中学科教学专业指导委员会候选人员，嘉兴市评审委员会备选成员，嘉兴市、区两级科普讲师团成员。

我从教32年，执教毕业班12届，一路走来，一路风雨；几多辛苦，几多快乐！一代代旧人离去，成为社会的栋梁；一代代新人成长，青春

阳光。回眸过去，仿佛自己就是骄阳下的老农，迷离的眼神下是一望无际的原野，喜看稻菽千重浪！过程很辛酸，生命特充实。

进入嘉高，2019 年我执教的首届特长班高三（6）班共 40 名同学，本科率达 100%，36 名同学进入重点大学，其中 1 人进入中科大，1 人进入上海交大，15 人进入浙大。2005、2008、2011、2014、2017、2020 届高三班同学进入重点大学录取线者达 68%，多人进入中科大、浙大、南大、上海交大等名校。1996 年我所带的物理兴趣小组有 1 人（陆爱胜同学）获全国奥林匹克物理竞赛一等奖并被保送北京大学，其后有 10 多人先后获全国奥林匹克物理竞赛二、三等奖，多人获省、市级一、二、三等奖。多年来，我指导学生参加省市级以上物理竞赛，有 200 多人次获奖。许多学生走进高校，走进社会，成为国家的栋梁之才：2002 届徐明同学考入清华大学硕博连读，学成后执教于国防科技大学，为国内人工智能领域杰出的青年专家；钱俊同学获中国科学院大学博士学位；赵冬强同学在中航工业第一飞机设计研究院从事大飞机的研究；陈卫同学执教于浙江大学；钱志伟同学工作于中国电子科技 36 所。2005 届杨岳明同学进入中科大学习，从事电子基础方面的工作研究。2008 届沈波同学进入上海交大，北大博士毕业后，赴美进行博士后的深造。2014 届张晓峰同学进入电子科大硕博连读，有志于电子基础学科的研究。这一大批优秀学生在自己的工作岗位上崭露头角，取得了不凡的成就。回望嘉高博士廊，自豪于有十几位博士，我都曾执教过他们的高中课程，看到他们的成就，有丝许喜悦滋润我的心田。

同时，我在教学上也有些心得体会。针对教学中的一些问题，我潜心揣摩，写了一些教学论文，如《力学中突变力的处理》《中学物理思维方法的探微》《物理实验中开展"研究性学习"的探索》《心理学理论指导下的问题教学的探索》等多篇文章；目前在省级以上刊物发表的有 14 篇，省、市级获奖论文有 30 多篇；我积极参与学校、嘉兴市级及浙江省级的一些课题研究，先后参与并主持了多个课题的研究，如 2002—2005 主持立项省级课题"构建四维时空下的物理超课堂模式"，并于 2006 年 5 月结题；主持嘉兴市课题"物理探究性实验对学生兴趣及创造力的影响"，2003 年立项，2005 年结题并获二等奖；2010 年课题"高中新课程新教材疑难问题解决研究"于 2011 年结题。我积极参与命题工作，参与嘉兴市期末联考、物理竞赛的命题工作，自 2001 年开始，每年均参与嘉兴市高三调研模拟试卷的命题工作。我参与了"现代中学课堂教学模式探究与实践"等多套教育教辅材料的编写工作。我多次被嘉兴市教育研究部门聘为青年物理教师的指导老师。

在教材教法的研究上，尤其是新课程课堂教学实践上，我依据其生活性、发展性、生命性三大理念，在课堂教学中认真揣摩，落实其精神，提出了"以人为本体验科学的问题教学法"，即以学生发展为本，"学会认知、学会做事、学会共同生活、学会生存"；"重视学生基础学力、发展性学力、创造性学力的培养和发展"即以"教""学"并重，师生共同构建"学习共同体"；其中的交流互动、对话（生师、生本、生生、学生自我）即在自主学习、启发探究、讨论协作基础上，强调隐性目标——合作创新精神的培养。

其次在课程形态上重实践、重创新、重情景。在教师的课堂地位上，把老师定位为学生学习的导航者、帮助者、推动者；在学生的课堂地位上，把学生定义为知识建构的主体，课堂教学的主要活动者、积极的认知者；在师生关系把握上，定义为共同活动的帮助者、推动者，"大家一起做、一起学，共同探究"。"以人为本、体验科学的问题教学"即关注每一位学生发展，"体验"创设了生动、真切的交往情境，让学生进入与科学体验情境，感受生活，构建学生具体、真实的体验平台，学生由此会变得乐观、合群、机智、合作、善思、多变……使学生内省感悟，达到内化提高。具体过程如下：

第一步，学生学会与课本对话。通过阅读、思考、实验、感悟、体验生活，发现问题，提出问题。

第二步，生生、师生对话。针对学生（个体）提出的问题，进行生生（分小组讨论）、师生对话，分析、解决问题，让学生个体与群体之间进行思维的碰撞和交融、沟通、汇聚、融合至终，互相借鉴，取长补短，来共享知识、共享经验、共享智慧、共享情感、共享物理科学世界的精彩。

第三步，学生自我的对话。让学生自我交谈，不断审视自己所学的知识，使"外在我"与"内在我"有机结合在一起。让学生尝试学会课堂内外的思辨，主要以学生的各类练习为载体去深化对物理概念、规律的理解。1. 与知识规律对话，审视自己所学的知识（即学生自我对知识规律进行归纳，教师适时作点拨）。2. 整理学习心得，整理物理错题，让学生审视自己的思维空间。3. 以研究性学习的形式，进行专题探究，让学生审视自己的思维深度。

在这方面以 2017 届两位同学为例，如傅天任同学颇有个性，思维敏锐，学习超前。高中三年，我利用晚上时间，每周对他辅导一次，解决其超前学习的困难，这些超前的学习内容有竞赛类知识，有大学课程知识，于是我把大学普通物理的知识重新捡起来，与学生共同学习，共同探讨。傅天任同学也不负所望，在高二年级就考取了中科大的少年班，现在中科大读研。而许泽诚同学平时不爱讲话，不爱与人沟通，喜爱钻研，喜欢独立思考，平时不爱问问题，于是我就设计一些有思维深度的问题，引导其做深层次的思考，使其知识融会贯通，高考时以数理化每科满分的优异成绩考取浙江大学。

这两位同学的个性都很鲜明，是同学们眼中的怪人，但他们却乐于与我交流，每年许泽诚同学都和傅天任同学一起来看望我，和我探讨一些生活、工作、学习方面的问题，我常常想，一名老师，只有因材施教，关心学生，才能走进学生的心田，赢得学生的尊重。

在教书育人上，我以"新情""疏导""真诚"和学生相处，建立和谐、平等、朋友式的师生关系。我注重以人为本、以学生的发展为本的教学理念，强化学生个性和谐发展。而个性和谐发展的教学目的，必须包括两个层面，一是个性的发展，即发展的全面性，通过教育，使学生在知识、智力、能力、创造力、思想品德、体力、劳动技能、情感意志等各个方面得到全面的发展；二是个性的充分发展，即发展的充分性，通过因材施教，使学生的个性特长得到充分施展。只有充分性和全面性两者结合，才能把学生造就成真正的人才。用存在主义大师卡缪的话来说，就是："请不要站在我的前面，我不会跟随您；也不要站在我后面，我不愿领导您；请站在我旁边，让我们做朋友。"这里有一个案例，如应天平同学，平时特别喜爱物理，可以说痴迷也不过分，虽然他不是我的学生，平时却总爱过来跟我讨论一些问题，喜欢和我交流一些学习体会，博士毕业后不忘初心，一如既往地攀登物理的高峰，如今，他为人师表，教书育人，成了复旦的物理学博士生导师。

在教书育人上，我有意识地培养学生的科学精神，引导他们学会思辨质疑。物理科学之所以从自然哲学中分化出来，成为一门独立的科学，首先源自伽利略的实验研究，使物理科学成为一门实验科学，正是这一点，实验物理学区别于思辨哲学，所以我们在课堂上，总要让学生去思考，同学之间作辩论，再通过实验进行验证，使得"实践是检验真理的唯一标准"深入人心，养成学生不畏上、不畏师、不畏书的求实精神。所以每年我们都开放实验室，鼓励学生利用课余、自修时间走进实验室。

印度诗人、文学家泰戈尔有这样一句名言："花的事业是甜蜜的，果的事业是珍贵的，但让我们做叶的事业吧，因为叶总是谦逊地低垂着他的绿荫。"如果说诗心是教师手中的火把，那么教育就是诗意的播撒，教学就是写诗的过程。我把教学当作事业，孜孜不倦地追求着。我心里盛着学生，忧学生所忧，乐学生所乐，三十年如一日，尽心、尽力、尽职，"衣带渐宽终不悔，为伊消得人憔悴"，因为我的责任感和敬业态度"是从心里长出来的"。我循循诱导，言传身教，使学生在自己学习的"发展最近区"中踮起脚尖或纵身一跃都能摘到"桃子"。

我喜欢杜甫《春夜细雨》的诗句："好雨知时节，当春乃发生。随风潜入夜，润物细无声。"三尺讲台是狭小的天地，小得只能容下我一个人；三尺讲台又是一个博大的空间，大得任何人都得在它底下接受教育、聆听教诲，获得知识和能力。这三尺讲台就是我人生的支点！我不懈地追寻着教学的美丽，追寻着对美丽的塑造。教书育人三十二载，虽不敢说硕果累累，但至少也是心里无憾。看到每一个学生的成长，我备感欣慰和自豪！

2022 年 6 月 18 日

得天下英才而教之，不亦乐乎

■ 王进峰

个人简介

王进峰，嘉兴高级中学高二年级部主任，从事高中物理教学工作 18 年，担任班主任工作 15 年。全国物理竞赛优秀指导教师；嘉兴市第十三批学科带头人、嘉兴市教坛新秀，曾获嘉兴市高中物理课堂评比二等奖；秀洲区优秀共产党员、秀洲区第十六批名师、秀洲区教科研先进个人、秀洲区教文体系统优秀党员、秀洲区教文体系统先进工作者。以"学高为师，身正为范"要求自己，秉承嘉高"嘉木扬长，高德归真"的教育理念，在教育的道路上乐此不疲。

我是土生土长的嘉高人，为什么这么说呢？因为我是嘉高 1997 年招收的第一届学生，高一的时候教学楼还没有造好，我们在新塍中学度过了一年半的时间。高一刚入学的夏天，天气特别炎热，我第一次踏进嘉高校门（当时在新塍中学），感觉非常新奇，新的同学，新的老师，新的阶段。一开始有点不适应，第一次参加晚自习，教室里人很多，也没有电风扇，更不用说空调了，一节课下来，浑身都湿透了，然后在课间休息的时候到走廊上吹吹风，稍微干一点，接下来又回去学习，衣服再次湿透。所以，一开学觉得学习很苦很累。回到寝室里，只有八个高低铺，没有浴室，没有风扇，没有空调，没有洗手间，上厕所要跑到后面一幢楼的公共厕所，条件实在是太艰苦了。但是我们学会了苦中作乐，无论夏天还是冬天，晚上在露天的水龙头下冲凉，那种感觉令人印象无比深刻。周末一般不回家，因为实在不方便，至少要坐3个小时的车，换3辆车，还要走5公里的路才能到家。所以我们一般三个星期才回家一次，在学校的周末晚上，大家一起坐在树荫下纳凉，有人轻弹吉他，浅吟低唱，欢声笑语不绝于耳。

高二搬到嘉高新校址后，也就是现在所在的地方，生活和学习条件好了很多，教室和寝室更加宽敞，寝室有了电扇，洗漱也更加方便了。当时学校还是在很偏的地方，周围都是农田，也没有公交，所以每次回家还是不方便。要从学校走到中医院公交站台，坐公交车到火车站，再换公交车到新篁，然后再走很远的路，每次回家至少4个小时。但是，那种对校园生活的期待一直让我都不觉得4个小时有多漫长，到了校园里，就可以看书学习，和好朋友打一场球，很美妙。新校园很好，非常漂亮大气，我们的老师教学水平都很高，又很爱护我们，所以那一届考得非常好，有一个同学考上了北大，十几个同学考上了浙大，还有很多同学被985、211高校录取。我大学毕业后在海盐元济中学工作了7年，2011年重新回到母校的怀抱，担任班主任和物理任课教师。

多年的教育教学工作，使我有不少感悟与心得。

以身示范，注重每一个学生成长的细节

班主任工作需要注重细节，所以我带的每一届学生从高一入学开始，我都要做好一项工作：指导学生快速进入高中阶段的学习和生活节奏。我会手把手教他们如何打扫卫生，地面、窗台、走廊、桌椅等要求一一明确，亲自示范给他们看，直到他们学会，能达到我的要求为止。值日生工作绝对不能打折扣，做事和做人一样，都要认真，所谓世上无难事，只怕有心人，班级的日常行为规范也是一样的要求。"教不严，师之惰"，学校要求几点到校，我一定在这之前到，给学生做好榜样。所以我带的几届学生都是班风正、学风浓，经常被评为优秀班集体。从终身发展来看，综合素质非常重要。所以，我越来越觉得教育不仅仅是教会学生知识，更应该教会他们正确生活和学习的态度。

劳逸结合，激发学生学习的内驱力

学生中午分批次吃饭，有时候轮到第二批，学生静不下心来做作业怎么办？有一天我看到隔壁班级在唱歌，受到这个启发，我让他们学唱歌吧！于是我去收集歌曲，要朗朗上口、青春励志的歌曲。《年轻的战

场》《蝴蝶飞》等歌曲就进入了课堂，利用这 10 分钟时间唱首歌不是挺好吗？大家学了 3 天，学得差不多了就开始斗歌比赛吧，寝室循环 PK 赛拉开帷幕，大家都积极参与，热情高涨，歌越唱越好，寝室感情越唱越深，最后的总冠军发个奖状鼓励一下。学生到后面发现自己歌还唱得挺好的，自信心就来了。魏书生老师就经常带领学生唱歌，看来确实有他的道理，艺术是一种教育，全班学生演绎同一首歌的时候，大家都欢呼起来，原来唱歌可以这么美。后来有老师说你们今天早点去吃饭吧，但是学生们不愿意，因为他们喜欢上了唱歌。

初心不改，爱生如子严慈相济

我一直强调身体是学习的本钱，所以鼓励学生锻炼身体，强壮体魄，如果让学生在高中阶段喜欢一种体育活动，并能坚持锻炼，从而强身健体，那又该是多么好的事情！于是我在每天傍晚下课后，陪着学生自由活动 30 分钟再去吃饭，我都想好口号了：每天活动一小时，健康学习一辈子。我的目标是培养有强健体魄的学生，所以，在我们班级每个人都要培养一个自己感兴趣的体育项目，可以是篮球、足球、羽毛球等等。每天都要锻炼身体，热爱体育，热爱生活，才会热爱学习。

但是学生偶尔感冒发烧在所难免，所以我经常备着一些常用药，以备不时之需。有一次，一位学生晚自习的时候生病了，发烧很厉害。父母都在乡下，也没有汽车，不能及时赶来。值班老师电话打过来，我从被窝里爬起来，赶到学校送学生去附近的医院看病，挂号、取药、挂点滴，忙完都要 12 点了，将学生在寝室安顿好才安心回家。第二天一早到寝室看看学生有没有退烧，每天进教室都要问一声身体恢复了吗，直到他痊愈为止。我把学生当成自己的孩子一样看待，学生也是把我当成兄长严父一样，虽然他们离开了家，但是依然能感受到老师对他们无私的爱。还有一次，有位张姓学生厌学，我非常着急，连夜赶到学生家里，做学生的思想工作，从个人成长、家庭期待、国家需要等方面耐心疏导，最后终于做通了学生的工作，学生答应来学校继续学习，后面我又经常对这位学生嘘寒问暖，让他感觉在学校里有人依然照顾到他的感受，渐渐地他终于能融入班级里。后来顺利毕业，考取大学，毕业后他和他父母都很感激我的耐心疏导，在他迷茫时给予的细心指导，使他顺利度过那段艰难的时光。

大爱无疆，能舍小家为大家

两年前，我偶然体检查出身体有点不适，在医院做了一个小手术，医生关照要住院 10 天，但是那几天正是学生马上要高考的冲刺关头，没有班主任在身边，我想他们一定会有所影响，所以住院 4 天我就回到了学校，当我上完 4 节课以后，整个人都快要虚脱了，但是陪在学生身边，我能感受他们给予我的力量，这也是一种精神的力量吧。担任班主任期间，实在没有多余的时间和精力去管家里的事，幸亏家人都很支持我的工作，对于孩子也是内心有愧疚的，每周陪伴的时间很有限。印象特别深的是高考前的一个月，几乎每天晚上都在学校，不是答疑就是巡视，或者值日。儿子也有意见了，他说一个星期都没有和我一起吃一顿晚饭了，我心酸不止。但是没有办法，对于一线的高三老师，守在教室，这是我职责所在，我们的工作关系着千家万户的希望，绝不敢有任何的松懈。

学高为师，专业成长永无止境

在平时教学中能够渗透新课程理念，课堂上让学生动起来，思维活起来，充分享受知识带来的快乐，学海无涯乐为舟。为了上好一堂课，常常要备课到深夜，为了能够演示出最佳的实验效果，一遍遍地摸索，直到能够达到最佳效果为止。在教学之余，我经常思考教学问题，撰写出了《万有引力推导》等近20篇文章，发表在《物理教学》《物理教师》等核心期刊上。最近几年，每年都会在嘉兴市的物理教师培训中做专题讲座，分享在教学中收获的点点滴滴。教学相长，学生在成长，我的教学能力和教学水平也在慢慢得到提高。

我所获得的一点点成绩都是在学校支持下取得的，特别是学校领导给了我很多的关心。成绩只代表过去，我一直怀着"得天下英才而教之，不亦乐乎"的教育理想，怀着对事业的追求，对学生的热爱，对教育的执着，在教书育人的道路上享受着学生成长的快乐。

2022 年 5 月 10 日

真心·真情·真爱

■ 陈玥斐

个人简介

陈玥斐，高中物理一级教师，华东师范大学物理学（师范）专业本科毕业。2007年进入嘉高工作至今，被评为秀洲区第十五批教学能手，校十佳班主任、先进工作者、巾帼先锋等，现任2023届理创班班主任、物理备课组长。学科教学能力强，教学风格亲和有张力，在嘉兴市课堂教学评比中多次获奖，2022年获嘉兴市一等奖。积极投身新课程教学科研，主持市规划课题、市属微型课题研究，撰写的多篇教育教学论文在市教学论文评比中获奖。

犹记得十五年前，怀着对教师这一职业的执着与憧憬，我带着些许激动，怯生生地踏入了这个校园。对于讲台，对于嘉高，从陌生到熟悉，从懵懂到眷恋，经验、方法、情感在岁月里积淀，唯有对教育的初心不变。

"真"的教育，心之所向

学生时期丰富多彩的校园生活，让我对校园充满了不舍，尤其是高中三年充实高效的学习，为后来的学习、工作打下了良好的基石，也让我更加坚定了自己的选择：回到高中去陪伴更多的孩子度过这个美好而又关键的学习时期，让他们在这个最青春烂漫的年纪里能更加绚烂地绽放；而在"学好数理化，走遍天下都不怕"的教育观念下长大的我，儿时也有过当科学家的梦想，从小学起就偏爱理科。怀着这份初衷，在还没有实行平行志愿的年代，我的高考第一志愿填报了心仪的师范院校，也是第一志愿填报了物理学师范专业。都说物理难，学物理的女生就更少，但是选择物理，选择高中物理教学，就是想告诉孩子们，物理并不全是艰涩难懂，它是一门既严谨又十分有趣的学科。

大学毕业，走上讲台，学生有文科生、有理科生，新课改之后有学考生，也有选考生，他们对物理学习的态度有热衷、有畏惧，有钻研、有敷衍。但是对于物理课堂教学，我一直想传达给学生的是，我们可以不在意物理的概念、公式、定律，但是物理学科的思维、方法和逻辑，是值得每个人学习、借鉴和应用的。这才是在基础教育阶段，我们学习物理的意义所在。

进入嘉高，幸得学校教育教学理念方针的影响和指导：从教育理念上讲，"嘉木扬长，高德归真"，重视学生的多元优质发展；从教学方法上讲，"生为中心，疑为重心，思为核心"的"三心"活力课堂研究，重视学生学习的有效性。理念正，我深以为然，也促使我坚定不移地学习研究和付诸实践。

"真"的为人，情之所依

学校的理念方针为我们的教育教学指明了方向，而在个人发展成长的过程中，都不可避免地会遇到各种各样的问题和困难。在嘉高，最可爱的便是有那么多兢兢业业的"嘉高人"，帮助我一路成长，使我心有所属、情有所依。

最近一次参加物理课堂教学评比的过程，更是让我深刻地感受到来自"家人"们的温暖和情谊。尽管参加比赛的过程是磨人且辛苦的，但是来自各方的有力支援给了我强大的信心和力量。比赛内容"气体的等温变化"是新课程新教材的新增内容，也恰巧是我所在的高二年级学生们刚刚学习过的内容。前期日常教学过程中，姚庆傅老师就带领我们备课组研究新课标、新教材，研讨教学重点、难点和突破方法，为比赛备课打下了良好的基础。虽然是个人的比赛，且临近期末事务繁杂，物理组内的老师从课堂思路、实验设计，到细节打磨、设施设备、后期处理，都提供了无私的建议和帮助；还有学校领导和其他学科的老师分享录课经验，甚至提供自己的设备现场指导。最终这节课获得了嘉兴市课堂教学评比一等奖，这是嘉高大团队的力量。

刚工作时，嘉高刚建校十年，进入了平稳发展时期。学校有一批既有热情又有经验的老师，给初来乍到的我以无私的帮助和指导。第一次走上讲台、第一次出卷命题、第一次上公开课、第一次撰写论文、第一次做课题、第一次担任班主任……有太多的第一次，每一个第一次里都有来自领导、同事的温暖和帮助。感谢像带自己学生一样带我成长的师傅们，感谢从工作到生活关心爱护我的领导们，感谢任课时明里暗里帮忙撑腰的班主任们，感谢担任班主任时倾力相助的所有任课老师，感谢相伴成长的"兄弟姐妹"们……正是因为这温暖的嘉高大家庭，才让身为其中之一的我，越发自信、越发坚定地在教育实践中探索前行。

"真"的为师，爱之所存

真正成为一名教师，才深刻体会到教学育人，"育人"也是教育过程中不可分割的一部分。学生在学校学习文化知识固然很重要，而学习为人处世的道理更对其影响深远，两者紧密联系又相辅相成。古语有云："亲其师，信其道。"只有获得学生的信任，才能接受老师的教育；学生对老师的喜爱，也会带入其讲授的学科，转化为学习该学科的驱动力。

多从学生的角度去考虑问题，是我在教育教学过程中一直提醒自己的。从物理教学上讲，多考虑学生的知识基础和认知特点，用他们更容易接受的方式来表达，用他们更乐于投入的方式来组织课堂，力求从效率上要成果。2021年主持立项的嘉兴市规划课题，正是在新课改、新课程、新教材的"三新"背景下开展习题教学的研究，以提高学习效率、提升学生核心素养、培养高阶思维为目标，真正实现"生为中心"的教学理念。

从育人角度来说，平等与爱，一直是我遵循的原则，力求成为同学们的"良师益友"。孔子曰："弟子不必不如师，师不必贤于弟子。"肯定学生的长处，承认自己的不足，站在与他们平等的角度来分析解决问题，给出自己的意见和建议。有时候可能是不经意的一句鼓励和表扬，会让一个孩子记一整年，甚至在高三毕业后回到母校，仍然是历久弥新的话题。每当收到这样的感谢话语时，我都感到无比幸福满足。同时更加督促自己："学高为师，身正为范"，老师的一言一行、情绪态度都会影响到学生；与此同时，孩子们青春的纯真与活力，也感染着我一直前行。

学生工作中，最苦最累的莫过于班主任工作。但是没有班主任工作经历的教师，可以说是不完整的教师。相比老班主任们，只带过两届理科班的我算不上经验丰富，却也怀揣着对班主任工作的责任和热情，感受着只有身为班主任才能体会到的幸福。清早到校，半夜才回家是常态；从学习、纪律，到生活小事，样样都要操心。一当班主任，立马开始担忧自己的记忆力，与班里学生相处的时间可能比自己家孩子还多，对他们比对自己家孩子还了解。虽然辛苦，却也真真实实地感受到，孩子们对我也是像对家人一样的信任和依赖；学生虽然时常调皮，却也常常给老师以惊喜和温暖。运动会上，他们团结合作、奋力拼搏，拿下了第一名，会跑来告诉我，看到其他班主任上台颁奖，也想让我颁个奖；卫生大扫除，从最开始的"怎么扫地还需要教"，到后来我布置给劳动委员，同学们就能搞定；班会课、联欢会上同学们的自编自演，既展示了他们的多才多艺，也反映了他们对社会和人生的思考……桩桩件件的小事，汇聚成学生一步步成长的足迹，让人欣慰；点点滴滴的相处，包含着老师对学生的爱，也收获着学生对老师的爱戴，让我感动。

　　嘉高25岁了，虽然我在嘉高也算是个"年轻人"，但我一样对她满怀深情。15年的时间，对于教师这个职业来说还称不上经验丰富，但对于我个人成长而言却至关重要。在嘉高，既是教书育人，又是另一场学习进修之旅。一直觉得教师是一个幸福的职业，见证孩子们成人成才是幸福的，与学生在陪伴中共同成长是幸福的，而有幸与嘉高一起共度更是幸福的！愿在这一场求"真"的旅途上一路幸福下去！

2022 年 7 月 4 日

追光不止，向阳而生

■ 方洪川

个人简介

方洪川，女，大学本科，2000 年毕业
于浙江师范大学化学教育专业。嘉兴
市第十三批学科带头人，秀洲区第二
批名教师，浙江省民办学校优秀教师。
先后主持市、区级课题 11 项，承担省、
市级选修课程 3 门，有各级获奖及发
表论文 20 余篇。

走好每一步，这就是你的人生。

2004 年夏天因工作调动入职嘉兴高级中学，一晃已过了 18 个年头。
在嘉高工作生活的每一天，于我而言，都是"真"教学、"真"研究、
"真"育人，都是人生路上最美的风景。

做学生成长的助力者

在嘉高有像翟景梅老师、卢金华老师、陈光瑞老师、沈明海老师、朱惠老师等一大批工作经验丰富的老班主任，他们用满腔热情、无私爱心、谆谆教导谱写着奉献之歌。他们的事无巨细、默默守望时常感染着我，激励我在班主任这个岗位上孜孜不倦12载，在朝六晚十的日复一日中浓缩自己对教育的一片赤诚。我也逐渐成为了那个yyds，上得了课，下得了寝；当得了保姆，做得了后妈；不时充当垃圾桶，回收一地鸡毛；偶尔担当福尔摩斯，侦查疑难悬案。我的带班主张就是要让每一个学生得到发展，构建成长共同体。因此，每带一个新班，我总是从以下四个方面去努力：

一是立规成习。无规矩不成方圆。强烈的规则意识，自觉的规则约束，是现代人文明程度的重要标志。无论是高一新生还是高二选科重组，开学初始学生都会习惯性地制造各种状况，试探班主任的底线在哪里，这也给了班主任快速掌握每个学生脾气秉性的契机。通过用心观察，收集存在的问题，在班会上作为案例组织学生商讨解决，最终在校规校纪的基础上，讨论制订适合本班的班规，如作业收交、值日制度、考勤细化等，形成班级公约。这让学生意识到，把每一个要求变成习惯，把每一种习惯升华为素质，就是在践行"学会做人"。

二是凝聚人心。《礼记·学记》说："当其可之谓时。"意思是说：要按照学生的特点选择适当的时机进行教育。在班主任看来，突出班级主基调的多元评价，能让班集体更有温度。我对学生的评价不看颜值，不看分数，更多看重"增量"、关注"合作"。"做更好的自己""我们是一个团队"是我在教室里经常挂在嘴边的话。每当对阶段考试成绩进行分析时，颁发最多的是进步奖、小组优胜奖。每当班级取得团队奖项时，颁发最多的是参与奖、组织奖。我想让学生明白，只有每个个体凝聚到一起，才能一起面对困难，实现共同成长。

三是自主管理。古希腊哲学家苏格拉底有句名言："教育不是灌输，而是点燃火焰。"我认为班级管理应以学生为核心，培养班级干部，发挥学生的自主能力，那么班级管理就步入了一个良性发展的轨道。组班初始就进行班级任职意向调查，根据岗位需要，初选出班团委、课代表、寝室长等人选，若人数符合就直接录用，若人数超额就竞选录用，若人数不够就指定任用，经培训后上岗，试用期一个月。一个月后述职，全体打分考核，以此推动班级干部团队的更新和能力提升。我始终相信"世界上没有无才能之人"，去发现学生的禀赋和特长，并为他们的发展提供条件和正确引导，体现了班主任的管理智慧。

四是勤严细实。每天勤进班，遇事勤谈心，这样就能对班情了如指掌。严于律己，严而有度，使我逐渐自带"我的地盘我做主"的气场。细心教育，追求实效，成为学生信任的"小方老师""方爷""川川方"。赫尔巴特说："世界上有两件事最难做，一是管理，一是教育。而班级管理就是集两件事于一身的最难做的工作。"多年实践下来，我总结出自己的管理思路：以"养成—目标—梦想"三年系列主题教育为抓手，建立以班干部为核心的管理机制，抓细节、重实效，打造"自信、合作、务实、奋进"的班级成长共同体。

做教育科研的实践者

在嘉高有像潘新华老师、姚庆傅老师、朱娟英老师、曹建琴老师、张茜老师等一大批教学经验丰富的学科名师，他们有着扎实的教学功底，潜心教研，不断创新，具有累累的教学硕果和学术成果。他们对学情和课堂的精准把控，成为指引我不懈前进的明灯。有学者说，每个教师的成长，关键是伴随四个不停：不停地实践，不停地阅读，不停地写作，不停地思考。参加工作 22 年来，我在不断学习和不断研究中实现了自我提升。

在我的职业起步阶段，我遇到的是一群刚够上普高线水平的学生，基础薄弱，学习主动性差，课堂时不时还要管管纪律，我担心学生对我所教的学科失去兴趣。进入嘉高，学生水平有了质的飞跃，我又开始忐忑，担心无法回答学生的问题。总之，担心一切我无法解决的问题会发生。我不懂教科研，根本没有意识到教科研的重要意义，我对其的理解基本在于学习教育教学理论知识或者是一些宏大的教育思想，总之跟常态实际教学是搭不上的。我也因此对教育教学工作感到迷茫，感觉身边的一切对我而言都是挑战。

进入嘉高之后，通过各种培训活动了解教学和研究是相辅相成的，研究并不只是专家的事情，而是每位教师在自己的教育教学工作中不断反思和学习的过程。教科研就是一种对教育现象的追问，对教育问题的思考，对教育行为的反思，更是对个人教育教学实践思想的升华。把教学反思提炼成论文，把教育教学问题作为课题研究，就是教科研最基本的成果。明确了这些认识，我尝试将课堂教学与课后研究结合起来，从以下五个方面入手：

一是研究自己，做到"知己"。主要是研究自己在教学中的优势、劣势有哪些，以便更好地扬长补短。我觉得自己最大的优势就是有认真踏实负责的工作态度。一项工作、一个任务，无论大小轻重，都会全力以赴、认真做好。我乐于学习，愿意接受新事物。我上进心强，努力想提高自身业务水平和科研水平。同时，我的弱势也很明显。首先教学能力一般，教学缺乏创新性，教学手段比较单一，对高考试题研究较少。其次教育理论功底差，理论书籍看得少，专业阅读缺乏广度与深度，知识面不够宽泛，害怕写文章，不善于总结和整理。通过自我剖析，也就知道了自己该在哪些方面充电补短。

二是研究学生，做到"知彼"。除了研究学生身心特征、个性差异、知识状况，更要研究他们学习的认知规律。从知彼的角度，在因材施教中发现有价值的教育问题。比如，不同层次学生的作业如何布置才能提高学生的能动性，每次考试之后的试卷怎样讲评会更有效，新授课的课堂小结怎样梳理更有利于帮助学生建构知识体系，班主任怎样增强班级凝聚力、怎样开展主题班会更有教育针对性，等等。

三是研究教材，做到"知书"。比如，从客观上把握新教材的指导思想，比较新旧教材在知识体系、编排体例和学习方式等方面有哪些异同，做到心中有数。重新审视教材，如何挖掘化学教材中的实验、习题及图片等素材，设置情境，编制练习，来引导学生进行深度学习，从而培养学生解决问题的能力。还有，利用微课等手段整合教学资源也是对教材研究的一种补充。另外，在研究现行教材的基础上，根据学科内容与学生视野、生活实际的相关性，还可以开发选修课程，作为兴趣拓展或知识延伸。

四是研究教学，做到"知法"。新课改要求课堂转型，一堂好课要看教师是否以学生为本，面向全体学生，注重学生的情感体验，注重学生的个体差异。也就是说，一堂好课不重在看教师在课堂讲得如何神采飞扬，说得如何天花乱坠，而是重在看教师能否引导学生积极主动地参与到学习的各个环节之中去，是否能自主、合作、探究性地学习。这就要花大力气去研究教法，更科学地进行教学设计。化学是一门以实验为基础的学科，因此化学实验的创新和改进也是教学研究的一个重要方面。

五是研究考试，做到"知考"。考试，是我们教师的生命线。主要是研究考试规定的知识点、能力点有哪些，重点、难点有哪些，题型有哪些，知识点分布的比例怎样，又有了哪些新变化，等等。首先研究课程标准，通过我们自己做题、析题，去了解学考题或高考题的考查角度和考查要求。再结合每年考试前公布的命题思路及考试后各方大咖的试题评价，去摸索复习教学的策略。多参与联考命题，多听专家大咖的报告，自己的思考也会越多。

美国学者波纳斯提出教师成长的规律：成长＝经验＋反思。通过阅读书籍，学习理论，学习—实践—再反思—再学习，我逐渐感受到，以前我认为空洞无趣的教育理论，与实际教学相结合，就会变得丰富起来。虽然一路走来步履艰难，但也正是教与研的互推，使我逐渐迈上更高的学习平台，见识更广阔的天地，感谢每一位助力我成长的领导和同事。

如果时光有味道，我想那过程虽有苦涩，但成长有回甘。在往后的日子里，我依然会用真情教书，用真心育人。心之所向，无问西东，寻梦而行，一路追光。

2022 年 6 月 25 日

教育，一场温暖的修行

■ 夏丽双

作者简介

夏丽双，化学高级教师，现任嘉兴高
级中学高二年级部副主任。从事化学
教育 21 年。曾获浙江省高中研究性
学习活动课堂教学评比一等奖，荣获
浙江省高中生研究性学习优秀指导教
师、秀洲区第十二批学科带头人、秀
洲区第十批学科教学能手、秀洲区中
小学教师继续教育先进工作者等称号。多次获嘉兴市高中化学
优质课评比一、二等奖，多篇论文获奖。

窗外日光弹指过，蓦然回首，我已在三尺讲台上教育修行 21 个春
秋。教育是静待花开的事业，带着平常心踏实走好每一步，在这场温暖
的修行中，对于我来说，教育是琐碎而平淡的，日复一日，年复一年。

既没有可歌可泣的闪光事迹，也不曾有悲壮辉煌的精彩瞬间。但教育就是融入在这样平平淡淡的工作中、点点滴滴的小事里。平平淡淡才是真，点点滴滴皆育人。看着一届又一届学生在我教育修行道路上从懵懂少年到青春韶华，我觉得我是幸福的，更是幸运的。

信　任

2012 年结束了高一教学工作，就接到了校领导的通知，让我担任 2013 届理科毕业班的教学工作。我知道，这是领导对我的信任，也让我感到莫大的压力。毕业班的教学是重要的，也是非常难的。学生已经习惯了某种教学方式，而我的加盟，对于学生来说，又要有一个师生磨合期，一些学生不太适应，甚至一度出现了怀疑、不信任我的情况。其中小鲁同学特别明显，他总体成绩不错，但是化学学科却有些薄弱，课堂上他不参与我的教学，表现出不配合且我行我素的情况。当时我并没有在同学面前批评他，而是课后与他交流，他听着却不发表意见，而我也在耐心等待着。再后来就是他下课总是找一些偏题难题向我提问，我很耐心地一一解答，他发现自己的做法并没有难倒我，就慢慢有些改变了。

教育是优雅而缓慢的艺术。教育需要用心关注、耐心等待，需要潜滋暗长、潜移默化。教育如蜗牛散步，需要以诗意的态度发现和感受生命的美好。信任是最简朴同时也是最奢侈的营养，需要用时间去灌溉。慢慢地，我和小鲁同学之间建立了信任关系，小鲁同学主动找我交流学习方法，我耐心地帮助他分析问题，找到解决问题的方法，渐渐地我们的距离缩小了、信任增大了。之后很多同学都敞开心扉与我交流谈心，班级的成绩更是步步高升，全班同学在高考中都考出了优异成绩，小鲁同学更是成了嘉高的理科状元。每年的教师节他都第一时间发祝福给我，从本科到硕士再到博士，他总是第一时间将他的好消息告诉我，2020 年因疫情原因，他回不了母校，发了一条微信给我："夏老师，谢谢您给我的温暖，我已考上了博士。"简短的几句话让我备感欣慰，也让我更加坚信，这场温暖的修行是值得的。

教育，是一场温暖的修行，是用生命温暖生命的过程，教书育人会影响人的一生一世，是任重道远的事业。修行即修"心"，作为一名教师，就应该修炼自己的内心，不断让自己增长智慧与善心，并因此将这样一种感动与感悟传递，去温暖一个个鲜活的生命。

担　当

2010 年是我工作生涯中最幸运和最艰辛的一年。那年我接到了一个重要的任务，就是参加嘉兴市研究性学习课堂教学评比活动。接到任务后，我开始前期的准备工作——找资料，设计活动方案。事情进行地非常顺利，一路过关斩将，拿到了参加浙江省研究性学习活动课堂教学评比的资格，这是我校第一次有老师参加这样的省级比赛。比赛要求设计一堂优质的研究性学习课，我深知一个好的设计方案不只是知识的传授，更多的是让学生如何去运用所学知识去解决问题。在准备过程中，方案被一次次推翻，深夜我还在伏案修改，在学校领导和同事的大力支持下，一次次的演练让我信心满满地踏上了征程。

比赛前一天，市教研员沈俊松老师找到我，看了设计的活动方案，他只说了四个字："重新设计。"这四个字无疑是当头一棒，把我一下子打蒙了。明天就要比赛了，而且是第一节课，我该怎么办？也许人只有在最关键时刻才能激发出自己的无限潜能。我一个人在房间里，根据沈老师提出的几点意见，开始着手设计新的有创新思想的活动方案。将知识和活动融为一体，让课堂不再枯燥，让学与教有机结合在一起。第二天早上4：30我就起床，一个人面对镜子将课堂的所有内容详细演练，对课堂上可能发生的细节问题逐个思考应对措施。7：20，我信心十足地走进了比赛场地，用自己的实力演绎了一堂生动有趣、寓教于乐的活动课，得到了评委的一致好评，最后获得了浙江省高中研究性学习课堂教学评比活动一等奖。这是我校教师至今在课堂教学中获得的最高奖项。

这次活动让我明白，作为一名教师必须要有担当精神。担当就是接受并负起责任。温家宝总理说："事不避难，勇于担当。"有担当精神的人才敢挑重担、挑得起重担。有担当精神，在教书生涯中不管身处顺境还是逆境，都能保持工作的激情；有担当精神，才能在平凡的教育教学岗位中创造出不平凡的业绩。

责任

教师的责任不仅是完成自己的教学任务，强烈的责任感是让我们有勇气面对现实的困境。2021年秋天，高一化学组因一位教师生病，教学任务变得异常紧张，我在完成自己三个班的教学任务的同时，校领导让我接手理科创新班的教学任务，这对我来说无疑是一场挑战。之前接手的创新班学生聪明、有灵性，课堂气氛活跃，对知识有强烈的求知欲。接触一段时间后，我发现学生在作业方面有眼高手低的情况，我进行多次批评教育，收效甚微。后来，我发现他们虽傲慢却彼此都不服输，针对这个特点，我重新调整教学方法，在课堂上采取将基础知识变成PK题、挑战老师限时练、你讲大家学等形式，渐渐地，他们的心静了，锋芒也收敛了很多，很多同学更沉稳了。

在创新班里，女孩子寥若晨星，小陆就是其中之一。她非常努力，勤奋好学，几节课后她主动来找我交流心中的苦闷。她觉得班级里那些男孩子都能轻松学习，她自己很努力，却不见成效，进而怀疑自己的能力。为此，我首先让她了解什么是天赋：假如每个人都是一样大的瓶子，天赋是瓶子口，能力是瓶子里的水，努力就是往瓶子里注水。因为每个人天赋不同，有的人瓶口大，注水快，有的人瓶口小，注水慢。所以这就决定了不同的人有不同的能力，有的人付出相同的努力就能收获更多的能力，这就是天赋的差距。但是这一切的前提都是你愿意往瓶子里注水。你不去做，它永远是空的。天赋决定你的上限，努力决定你的下限，你的能力就在这两者之间。听过之后，她似乎明白了许多。之后我和她约定每天共同解决学习中出现的问题。就这样，在我们共同坚持下，她的学习成绩渐渐有了很大的起色，人也变得更开朗自信了。我接手的班级在市期末统考中取得了年级第一（年级平均分超过嘉兴一中）的好成绩，小陆也取得了骄人的战绩。看着学生脸上洋溢着开心的笑容，我感觉，过往的一切疲惫都已消散。

教育的修行，是温暖的修行，求真求是，细润无声。"路漫漫其修远兮"，这场温暖的修行，需要我今后以更大的热爱和勇气来诠释教育，坦然面对寂寞，如此我们才能收获更多的桃李花香。

2022 年 2 月 15 日

感动　感悟　感恩

■ 周国良

个人简介

周国良，杭州师范大学生物学系毕业，1990 年 8 月参加工作，中学高级教师，中共党员，曾获嘉兴市生物学科教学带头人称号，忠诚于党的教育事业，热爱学生，推崇"身教言传""润物细无声"的教学风格。

岁月悠悠，时光飞逝，弹指一挥间，从教生涯已进入第 32 个年头，到嘉高工作也已 23 年了。回首往事，历历在目，有很多值得回忆的事，有很多需要感谢的人。而最令人感动和值得回味的是毕业多年后学生对我的评价，下面我分享其中的三个小故事。

2020 年 9 月的一天，与 2002 届 W 同学的偶遇，让我记忆深刻，原因有 3 点：首先是因为那天我戴了口罩，18 年没见过面的情况下她竟然说是通过我的声音认出我的；其次是因为任课的调整我只给她班了大概一周的课，我根本不认得她了；最后是她说当年因为表现不好，作为年级主任的我耐心地安慰她、鼓励她的情景让她至今难忘。她声情并茂的回忆让我感动得不行，使我职业的幸福感爆棚。

事情虽然已经过去一年多了，但每每想起还是让我感慨万分。教书育人是教师的基本使命，相对来说，教书比较容易做到，育人则难以实现。但其实育人更重要，如果人培养好了，那么成绩好是水到渠成的事。所以日常教学中，我会特别注重学生学习习惯的养成，如课前的准备、听课的习惯、书写的姿势、作业的规范等等。高中阶段的学习压力大，学生的情绪起伏也会比较大，作为老师，应该及时关注和关心学生，通过谈心、鼓励、表扬等帮助学生走出困境。

最近几年，我偶尔会在课堂上给学生看一些有教育意义的视频，如马丁的《父与子的战争》、王国权的《爱是生命中最伟大的正能量》等，效果还是不错的。学生在给我的贺卡上这样写道："在繁忙的高三学习生活中，常收到你那美味的心灵鸡汤，以及王国权声情并茂的激情演讲带来的深刻思考，陪伴我们度过每一个春秋日月，给我们以无穷动力……让我们在人生最艰苦的日子里也面带微笑，勇往直前。"

第二个小故事讲的是 2013 届的 J 同学，上大学时有一天她用 QQ 给我发了一条信息，大意是我教的自主学习方法，她在大学里屡试不爽。说实话我对"屡试不爽"这个成语不熟悉，按照字面意思理解，初步的感觉是我教给她的学习方法不是太灵，所以刚开始我还是有点郁闷的。经过百度搜索后我才知道是屡次试验都没有差错的意思，心里的一块石头总算放下了。后来 J 同学回母校看老师时，也和我提起自主学习的方法在大学里很管用，能很快适应大学里的学习。

高中老师既要授之以鱼，更要授之以渔，如果高中学生没有自主学习的习惯和能力，是很难学好的，尤其是到了高三复习阶段就会显得后劲不足。因此我给学生上的第一课肯定会介绍自主学习的要点，如有效阅读提取书本中的信息，积极思考、提出问题，主动参与小组讨论，总结归纳整理笔记，合理归因整理错题，等等，并在以后的教学中经常强调逐步落实。例如，一些同学在学习过程中往往缺乏合作意识，没有意识到高中三年同学之间相互交流合作学习的重要性，于是对此我便动了一些脑筋。首先，我让学生明白，只有你身边的同学成绩好，你才能更好；其次，如果哪位同学因为不努力而表现不好、成绩退步的话，我第一个要批评的是他的同桌，甚至是扣同桌的平时表现分；最后，在日常教学中经常安排学生交流讨论，让学生体会到"教别人是最好的学习"。学生在给我的贺卡上这样写道："和周围同学交流解题的过程，应该是我上生物课以来最能感受到和其他老师教学方式不同的特点了，我过去没能领会，现在我爱上了这种自主学习方式。"

第三个小故事讲的是 2011 届的 Y 同学，在几年前的一次聚会上，他特地向我致谢，原因是读书时他做作业速度很慢，经常不能及时上交作业，我没有简单地催他交作业，而是想方设法地帮助他，这让他很感激。他握着我的手反复说感谢的话，其实作为老师，我当时的心情挺复杂的，一下子不知道该说什么好。Y 同学，一位又高又壮、坐在最后一排的大男孩，学习认真但动作很慢，在我的印象中他没有一天是能及时完成作业的，至今我还留有他看到老师时带着自卑又有点恐惧的眼神的印象。

学生的学习情况是有差异的，理论上讲，任课老师应该为每位同学准备一份适合的课外作业，很显然，在目前条件下，这是不可能做到的。对于平时动作实在慢的同学，我的经验是，私下里让他每次作业少做点甚至只做其他同学的一半，其实这样的做法对学生的学习成绩影响是不大的，有时甚至可能还会提高成绩。为满足不同学生的需求，我还会发一些自选作业，我把自选作业叫作"优秀学生作业"（学有余力的优秀学生的作业，或者还可以理解为做了这些作业就变成优秀学生了），学生还是比较喜欢的。

高中的学习强度是非常大的，学生需要有外部的驱动，但起主要作用的肯定是内驱力，内驱力强的学生会充分利用课余时间学习，老师应该更多地通过培养学生的学科兴趣，不断强化正向激励等方法激发学生的内驱力，长期过重的作业负担会带给学生更多的挫败感，会损害学生的学习内驱力。

文中所写虽然是一些很普通的小事，但我特别珍惜，因为学生的肯定就是对老师的最好奖励，使我更加喜欢学生、喜欢教学工作。做自己喜欢做的事情，是人生最大的幸福，感恩嘉高这个优秀的团队。

世界正经历百年未有之大变局，2022年又是党的二十大召开之年，我们有幸处在一个伟大的时代，应该有所作为，在自己平凡的岗位上努力做好本职工作，从大处说是扛起"为党育人、为国育才"的责任，从小处说是为嘉高的发展贡献绵薄之力。

2022年2月28日

幸福班级的密码

■ 张旭宁

个人简介

张旭宁，2001 年参加工作，高级教师。浙江省班主任工作室领衔人，嘉兴市班主任工作室主持人，嘉兴市第五、六、七批中小学名教师，嘉兴市中小学优秀班主任、嘉兴市教育科研先进个人、秀洲区"最美教师"、秀洲区优秀共产党员。曾获浙江省班主任基本功赛二等奖，嘉兴市班主任基本功大赛一等奖。10 多篇论文发表在《教学与管理》《教育实践与研究》《教师教育》等期刊，30 多篇论文在省、市获奖，主持省、市区课题 10 多项，科研成果《走班制下"一核四团"育人力量整合的校本实践》在 2019 年度浙江省教育科学研究优秀成果评选中荣获三等奖。

作为一名班主任，面对一群清纯、阳光，充满朝气与活力的青年，如何引领他们？怎样引领他们？引领他们走向何方？在过去 16 年的班主任工作中，每当我接手一个新班级或是迎来新学期，我都会这样问自己。作为一名班主任，我知道我的想法和做法会深刻影响学生的学习生活、身心发展，甚至影响他们的未来。在"嘉木扬长，高德归真"教育理念的指引下，结合"真"字校训，以幸福教育论的指导，从学生终身学习的视角出发，我提出了"幸福班级，幸福人"的班级育人理念，并在班主任工作中积极地实践与完善。

学期伊始，我通过四个"密码"，落实"幸福班级，幸福人"的班级育人理念。

密码一 —— 一节特殊的班会课

高一的学生对高中生活满怀着期待和欣喜，录取通知书刚刚拿到手，他们就开始列计划、做准备：了解老师和同学，了解学哥学姐的高中生活，等等。应该说每一个人都期待在高中成就一个最好的自己，拥有一个最美好的未来。而这些往往更多的是基于学业成绩上的。高中究竟该如何度过？可能更多地来源于父母的那句"高中了，你要好好学习，考个好大学"，抑或是"不拼不搏不高中"，等等，应试教育的观念已经深入学生的内心，他们认为高中一切就是为了好成绩，为了上好大学。为了转变学生的观念，开学第一堂课我便召开了"高中畅想"主题班会课。

班会课第一个环节：我是谁？这一环节的设计是让学生介绍自我和评价自我。通过初中三年的学习，学生对自己已经有了综合认识和自我评价。通过自我介绍与自我评价，学生们可以彼此快速地熟悉，并抓住他人的特点。

第二个环节：我梦想中的高中生活。高中第一天，每个人对高中生活都有不同的期待，有的说"我要早起晚睡，努力学习，争取更好的成绩"，有的说"我以前的人际交往存在问题，高中要和同学处理好关系"，有的说"我想做些自己喜欢的事情"，有的说"我努力学习，未来想当科研人员，建设祖国"……这种期待是最原始的、发自内心的、最真诚的。班主任要了解学生内心的想法与期待。

第三个环节：幸福班级。在学生讨论的基础之上，班主任进行概括和总结：同学们努力学习是为了获得学业上的成就；想处理好与同学的关系是为了班级的和谐；做自己喜欢的事是为了自己情感上的愉悦；努力学习、建设祖国是作为一名未来公民的责任担当。一个人情感愉悦，有责任担当，学业有成就，他就是一个幸福的人；一个人人愉悦、有责任担当、学业有成就、关系和谐的班级就是幸福的班级。幸福的班级将是你我共同追求的目标。

密码二 —— 幸福的教室

教室是学生学习和生活的重要场所，是影响学生成长的重要环境因素之一。因此，构建幸福的教室是幸福班级建设的重要环节。幸福的教室如何构建？

（一）图书角

图书角是每个班级的标配。但很多班级的图书角似乎都是一种摆设，要么没人打理、灰尘堆积，要么图书很少，甚至没有图书。有的班级书很多，但学生却不能看。面对这样的困难，幸福班级的图书角是什么样的呢？我把问题抛给学生，让大家一起想办法。通过讨论，最终的结论是：第一，图书角是必需的。第二，书来源于班级购买和同学交换两个渠道。班级购买一些集体学习所需要的工具书，便于同学需要时查看。学生交换的书一方面是家里有的，另一方面是自己目前在读的。班级购买的和学生在读的书均放到书架上。家里已有的书每半月交换一次。这样避免了学生在上课期间看小说杂志等问题，又让学生的阅读得到了保障。第三，图书角摆放内容的要求。班级图书角分工具书、报纸、杂志和小说四类。所有报刊书籍内容要积极健康，不可以摆放玄幻小说等。第四，阅读时间。图书角在中午、晚上休息期间和活动课期间开放。其余时间段除学习需要查阅外不建议使用。第五，图书角的管理。安排值日生轮流管理。幸福班级的图书角有书香气息，有摆放设计，有时间管理，有服务担当。

（二）让墙壁说"幸福话"

幸福的班级墙壁会说"幸福话"。墙壁幸福话是一种外在无声的语言，但却是每个人心里的最强音，它无声地温暖着每一个人。让墙壁说话，很多班级都在做，教室的墙壁布置也很有新意、很精美。那么如何让墙壁说好"幸福话"？第一，教室墙壁布置以"幸福"为主线，以"温馨、团结、合作、青春、梦想"为主题进行班级墙壁布置。在布置的过程中，主要开辟信息之窗、班级风貌、温馨家园、风采展示等几个板块。信息之窗板块包括课程表、作息时间表、班级委员会成员表等常规信息；其次包括社团活动通知、学生体音美比赛通知等滚动信息。班级风貌板块展示班名、班规、班风、班级口号等内容。温馨家园板块展示班级学习、班级生活、班级活动等方面的内容，以班集体展示为主。风采展示板块根据班级活动的需要以个人展示或小组展示为主。通过板块的设计布置，让每个人都参与，让每个人被看见，让幸福温暖每一天。第二，让"幸福话"动起来。很多班级的教室在开学时布置好了，一个学期都不变，这样教室布置虽然很精美，但很容易造成学生的审美疲劳，缺乏新鲜感。为了避免学生的审美疲劳，我们每月更换温馨家园、风采展示的内容，让"幸福话"动起来、活起来。第三，幸福的墙壁爱生命。幸福是奋斗出来的，但是不能以牺牲个体健康为代价去追求幸福。因此，墙壁幸福话拒绝"两眼一睁开始竞争""分分分学生的命

根"等内容。我提倡"团结、拼搏、合作、健康、共进"的幸福追求。

密码三——"幸福"的活动

打造幸福的班级离不开活动，学生只有参与体验才能感受到幸福。幸福可能在参与的过程中，也可能在活动后的感悟中。班主任要善于将幸福的元素注入每一项班级活动。第一，小组合作学习凸显幸福。进入高中，学生的学习发生了重大的变化，学习内容的增加、学习方法的改变让很多学生不适应，如果不及时给以指导和帮助，学生的幸福成长就无从谈起。小组合作学习让成绩好的同学感受到助人为乐的意义与自我价值，成绩薄弱的同学在小组中感受到被关爱。第二，开展特色班级活动。为了让学生学会发现幸福和感受幸福，我开设了"幸福日记"和"幸福瞬间"两个班级特色活动。幸福日记是以班级日记的形式来开展的活动。从我开始，然后按班级学号轮流每天由一个人完成。日记的内容是记录班级每天发生的事，但我要求无论记录的是什么样的事，哪怕是同学间的矛盾、个人情绪低落、学习上的失败等也都要从中找到幸福的微光。这项活动的目的，就是在班级生活中培养学生运用正向的观念看问题，以欣赏的视角看他人，让学生自觉形成幸福观。"幸福瞬间"是一项幸福分享展示活动，时间定在每周二、周四的中午，每次活动时间 20 分钟，依然按学号轮流进行。学生将自己的"幸福日记"或是班级瞬间幸福的故事，讲出来与大家分享。这项活动的目的是让学生学会分享幸福，让聆听的同学感受幸福，同时学习他人发现幸福的视角和方法。

密码四——幸福的对话

幸福的班级离不开真诚的师生关系，而师生关系的拉近在于师生幸福的对话。幸福的对话是一种关爱、尊重、平等、友善的交流方式。如何让对话变得幸福？首先，我积极为学生树立榜样，以自身的修养和人格魅力影响学生。其次，在处理问题的过程中要做到"对事不对人"。最后，真诚地表达自己的情感。开学的第一天，我就告诉学生老师是一个可以交流和可以信任的人，是一个可以帮助你的人。于是便有了"老师，我想找你聊聊""我喜欢一个人，但她拒绝了我，我知道……"一系列沟通与交流，师生彼此的信任让师生关系更融洽，班级幸福感更强。

在幸福班级建设的过程中，首先，班主任的育人理念和学生学习的观念发生了转变。班主任在工作中更加关注学生的终身发展和个体的幸福体验，破除了班级"唯分数"的育人做法。学生对高中学习生活的认知不再是基于"两耳不闻窗外事，一心只读圣贤书"的层面，而是更关注自身的发展与社会的发展，将自身的幸福与班级、学校、国家的发展联系在一起，提升了学生的家国情怀。其次，班集体的凝聚力得到快速提升。每个学生都知道，个人的幸福在于班级的幸福，班级的幸福是每一个人参与创造的。因此，班级中"人人有事做，事事有人做"。学生的责任感、自信心、荣誉感进一步得到提升。最后，学生的幸福力得到发展。通过"幸福瞬间"等活动的开展，学生对幸福有了深刻的认识。幸福不是简单的"嘻嘻哈哈"，它是一种发现、理解、感受、享受的过程，是发自内心的。幸福不仅仅是快乐的事，困难或烦恼过后，我们仍然会幸福。经过"幸福班级"建设，让幸福深入每个学生心中。

2022 年 1 月 30 日

丹心化作春雨洒　换来桃李满园香

■ 李利荣

个人简介

李利荣，嘉兴高级中学体育老师，1990年参加工作，工作三十多载如一日，曾获嘉兴市第四、五、六届名教师，浙派名师培养对象，嘉兴市科研标兵等12项荣誉称号。李利荣老师廉洁从教，奉行"按本色做人、按角色做事、按特色定位"的原则，时时刻刻以一个优秀教师的标准要求自己，用爱心呵护学生成长，匠心深耕，提升教学魅力。曾任学校总务、政教、教科主任，尽心尽力，积极创新，获家长、同事认可。

丹心化作春雨洒

我在学校从教 30 多年，在领导的信任、培养和广大教师的支持、帮助下，从一个操作型的教师逐步成长为反思研究型的教师。

现在回想我自己的成长过程，就是一个不断学习、不断实践、不断教研的过程。

要么不当教师，要当就当优秀教师。

在我看来，"没有一堂课是百分之百完美的，但任何一堂课都有它的精彩之处"。我觉得一位教师要深得学生尊重和喜爱并不是仅依靠教师的教学水平，更需要依靠教师自身的人格魅力。作为教师，在课堂中应该是充满爱心的，应全身心地投入教学并积极参与到学生的活动中去。在体育教学中应注重学科性质，让学生们充分地活动，用形象化的语言让学生们明白道理、学会技能，并在活动中培养学生的交往能力、合作能力。

什么是好老师？答案因人而异，但有一条标准可谓"放之四海而皆准"——让学生难忘。我觉得自己就是一位让学生难忘的老师。

一名学生在作文中写道："第一次见到李老师时，我暗自欣喜。李老师个子不高，但有着体育老师的健硕。特别是他脸上常挂着的笑容让他整个人散发着亲和力，一下子消除了我对严肃刻板的体育老师的恐惧。"

对于一个优秀的体育教师而言，以教学能力由低到高为例，从其成长的历程看，必定经历三个阶段：技能阶段、技巧阶段和技艺阶段。"基本功天天练，一年四季不断线。"体育老师圈内流传着这么一句话，我就是用过硬的基本功来"征服"学生的。

刚参加工作时，我在课堂上遭遇了"突发事件"。课堂开始，我组织学生站队集合，一名技术比较突出的男生站在篮球门旁边，拒绝入队。紧张的情绪在操场上悄悄弥漫，我看到学生们的眼光都投向了自己。怎么处理这一"突发事件"？

我走到那名学生面前，说："你喜欢打篮球，这是一件好事。"男生沉默不语。"你知道有个球星叫乔丹吗？"这句话引起了男生的兴趣，他颇为利索地回答："知道啊！"我接着说道："乔丹的基本功很扎实，老师相信你的基本功是不错的，今天咱们师生来一场比赛吧，谁先？"男生犹疑了一下："老师你先吧。"

我于是将底牌亮出："咱们定一个规则，1分半自投自抢，看老师是否领先你3个球，如果老师达不到，以后在体育课，老师给你更多自由空间。如果你输了，你就得回去好好跟着其他同学一起上体育课，并遵守课堂的规则。"我一共投了13个，停下来后，一抬眼，男生不见了，不知何时已回到了队列当中。

1996年，在嘉兴新塍中学的操场内，我在女生班就"斜向助跑直角腾跃"内容上了一节公开课，在这节课上，女生们在一个跳箱面前犯了怵。这节课要求完成经典体操动作"斜向助跑直角腾跃"，完成这一动作首先要助跑一段距离，在踏板上起跳腾空，然后用双手依次支撑跳箱发力，直角跃起，跃向保护垫并安全落地。这一动作对学生的心理素质有一定考验，女生们第一次接触，便觉得十分害怕。我对她们说："我给你们做示范，只要掌握要领，并不难。"时至今日，我还忘不了那种震撼："那真是身轻如燕啊，腾空一下子就起来了。"于是，学生们觉得自己有了勇气，加上我设计了很多循序渐进式的辅助性练习，之后学生们顺利地完成了这一动作。踏板距离"山羊"也越来越远，"唰"地一下过去了，见到此情此景，在场的校领导们、老师们都直呼"精彩"。在踏板距离"山羊"10厘米的情况下，预计能有一半的学生可以完成动作，没想到全班同学都顺利完成了，尽管有的动作还不太规范；把距离调整为20厘米，也有90%的学生成功跃过。

我还是一位喜欢琢磨教学艺术的体育老师。有时候，我会把其他老师请进体育课堂。在嘉兴新塍中学时，听说学生的班主任朱文标是当时秀洲区教职工足球队主力前锋，我便盛情邀请他在体育课上陪学生一起踢球，并让他现身说法，谈自己球技提高的技巧，果然帮助学生提高了技艺。"当学生看见朝夕相处的班主任在陪自己运动，那是什么感觉？"我对这一教学创举颇为自得。

在很多学生眼中，我不只是一位优秀的体育老师，还是学生人生路上的导师。在每节课的导入部分，我会给学生们讲一讲最近搜罗来的体育新闻和故事，分享一下我新发现的励志小句，聊聊我和以前学生的故事，这些总能引起学生的兴趣，很多学生都对我课上的小演讲印象深刻。有一次，我给学生们分享了一句话："才能是埋在地下的煤。"过了几天，一名学生告诉我，他已经把这句话写下来贴在床头了。

"这真是一件令我感触颇深的事，没有什么一定不可能的事，只要我们每天坚持迈一小步，回首时便会突然发现我们已走出了不可想象的距离。"一位嘉高首届毕业生如是说。

我特别强调一个教师成长要有目标，我在和老师相互交流的时候也常常这样鼓励别人："要么不当老师，要当就当优秀老师。"我是这样说的，也是这样做的。

作为嘉兴市第八、九、十届体育学科带头人，嘉兴市第四、五、六届名师，在嘉兴体育界，我应该也算个知名人物，我的教学理念是追求高效体能发展、因材施教技能学习、灵活多样竞赛活动、重在激发运动兴趣的体育课堂。这些年来，无论在嘉兴市 90 学时培训、新教材疑难问题解决等教学研讨的讲座中，还是在各类的展示课中，有别于他人的授课风格，我的课总给人留下深刻印象，让年轻教师眼前一亮。在 2019 年的全市 90 学时培训中，已经 50 岁的我上了一节"前滚翻手倒立"的公开课，无论是教学设计还是内容难度都处理得恰到好处，课后在议课时受到了参训人员的高度评价，一些年轻老师纷纷表示："这内容，这教学设计环节，自己都不敢上，50 岁的李老师能上得这样好，真是厉害！"2017 年以来，由我领衔的嘉兴市李利荣网络名师工作室发挥了辐射引领作用。宏观指导是重要的，但没有微观的基础，如何进行宏观的指导？作为工作室主持人，不了解学员们的实际，不知道他们的需求，怎么为他们服务？因此，我走进兄弟学校，面对老师，与他们一起学习、交流、上课、研讨，想老师所想，急老师所急，做老师所做，每次的报告、讲座都在轻松愉悦的氛围中进行着。我惟妙惟肖的神态、幽默诙谐的语言、生动形象的体态、超前的理念、独特的见解、精辟的实例，对任何体育教师来说都是一次头脑风暴和思想洗礼，让大家有种醍醐灌顶的感觉。尤其在与一线教师交谈的时候，不引经据典，不故作高深，我的讲解从老师们平时上课的点点滴滴说起，可谓理论联系实际。我经常对其他体育老师说：一节体育课上得好不好就看两点：同学们开心不开心，同学们出汗了没有，是否真正达到了"汗"与"笑"的结合。工作室的年轻老师也总觉得跟我在一起总会让人有种如沐春风的感觉，在不知不觉之中就会被我吸引，受到我的感染。不管和谁在一起，我总能一下子拉近和别人的距离，让人信任，让人亲近。

课堂之外，我还是一位令学生与同行赞叹的"作家"。我做到了教研从我开始，自身学习研究是教师成长的基石。不少老师跟我说，他们很少外出参加教研活动。在他们心中，只有外出活动才是教研活动。其实教研无时无刻不在我们身边发生，在我们的教学中发生。我参加工作的前20年，几乎没有大的教学研究活动，而且学习的资料也很少，当时只有《体育报》和《新体育》杂志。在教研活动少、资料奇缺的情况下，我采用了剪报、写《教学随笔》、自学自练的方法。参加工作以来，我一直秉承以科研引领教学、以教学丰富科研的理念，登高远望逐梦。在近15年来，我几乎每年都有市级课题，至今已在各类杂志或学刊上发表了30多篇论文，主持了5个省级课题和10个市级课题。作为一名体育教师，我常挂在口的一句话是：人不学习少知识，会成为次品；人不锻炼缺健康，会成为废品。

在我看来，一个教师的职业生涯应该从教师设定自己的成长目标开始。教师的成长需要不断学习、积累、总结、反思、实践、开拓、进取。要充分利用前人经验，学会"站在巨人的肩膀上"发展自己，在锤炼中升华，在探索中进步，在"积识"中"成智"。我认为教师职业也有三个阶段和境界：境界一，认真学习，博览群书——"昨夜西风凋碧树，独上高楼，望尽天涯路"；境界二，潜心钻研，点点进步——"衣带渐宽终不悔，为伊消得人憔悴"；境界三，厚积薄发，水到渠成——"蓦然回首，那人却在灯火阑珊处"。学习是基础，只有认真向别人学习，才能境界高远、眼界开阔。作为教师，还要勤于思考，善于思考，永远不要放过自己点点滴滴的灵感，每天想到一点点，写下一点点，学到一点点，反思一点点，领悟一点点，自然就会成功一点点。

我对新形势下体育课堂教学有自己的思考：教育的根本任务是立德树人。体育教学到底干什么、如何育人是体育教学研究的重要课题。当前社会已进入大数据、移动互联网、高科技智能化时代，人们的思想、理念、价值观都在发生根本性的变化。在新精神、新目标、新起航的新形势下，教师对体育课堂教学要有怎样的思考？当我们心中有纲、目中有人，把自己的身体和心灵从文明的束缚中解放出来，充分认识体育教学的精髓在于它传授的是健身之道，而不是运动项目，真正传授的是一种生活方式时，当我们充分理解习近平总书记提出的享受乐趣、增强体质、健全人格、锤炼意志的学校体育的方向和目标时，课堂教学研究也更明确了方向和抓手。如课堂教学要处理好一堂课与一个单元的关系、预设与生成的关系、

形式与内容的关系、过程与结果的关系、技术与技能的关系、个性与共性的关系等。

换来桃李满园香

我是个辛勤播种爱的教育者。我始终不忘初心、牢记使命，认真完成各项教育教学任务。在一场场市、省级体育盛会上，我们看到了运动员们的力量与荣耀，更让我们为之感动的是荣耀背后，我为之耕耘与付出的无数个起早摸黑的日日夜夜。从教以来，我一直担任学校训练队的教学任务。1990 年参加工作开始，我就担任了当时郊区少体校分校学校田径队田赛的训练工作，一干就是 8 年多，其间训练队员获得了嘉兴市各类田径比赛个人第一名的有 35 个，前三名有 120 个。1998 年我承担了原郊区皮划艇的训练工作，皮划艇训练场地要求场地水域宽，但当时只能在嘉兴新塍镇边上的小河里训练，当时省体委领导来调研时看到这河道说："在这条九曲十八弯的小河里，小且不直，来回船只较多，在这种条件下能出这样的运动成绩，实属不易。"我的专业不是学皮划艇的，但我硬是通过自学、自己下船体验和看录像、向市队老教练倪永康等学习，出去观看他们训练，请他们来现场指导训练，加上队员们的吃苦精神，每天 6 点半开始早训练，傍晚练到天黑再回家，天天如此，在我带训的 5 年中，获得了嘉兴市团体总分 4 次第一、1 次第二，每年参加省级比赛，队员个人获得省第二名 10 次、前六名 30 次。1997 年我应聘到嘉兴高级中学，一直担任学校篮球队训练工作，每周保证 2—

3次训练，校篮球队共4次获得了嘉兴市冠军，嘉兴高级中学于2020年被评为"全国篮球特色学校"；我与体育组同行一起为学生的体质增强尽心尽力，在2019年的大学新生体质测试中，嘉高合格率获得全省第二名；2020年的大学新生体质测试中，以嘉高为班底的秀洲区优秀率获全省第二名。

三十多年来，硕果累累，桃李芬芳。我自己也获得过嘉兴市业余训练先进工作者达7次，嘉兴市最佳教练员5次、优秀教练员5次。由我训练过的学生现在分布在嘉兴多个行业，成为体育骨干或工会积极分子，其中一些因田径或篮球特长特招进单位。我跟训练队的学生关系处得特别好，经常有毕业多年的学生来看望我，这也是做老师的欣慰之处。

丹心化作春雨洒，换来桃李满园香，三十多年的教育教学工作中，我不断思考、开拓，追寻向教学新领域求索的生命动力。我以踏实勤奋的工作作风、真诚奉献的敬业精神，收获来自学生、家长的良好口碑，以日复一日的辛勤付出，践行自己的人文教育理想，用朴实的行动书写了一曲曲感人至深的师德颂歌。

2022年3月28日

汗水在阳光下闪烁　欢笑在风雨中绽放

■ 阮　江

个人简介

阮江，1993 年浙江师范大学体育教育专业本科毕业，分配至嘉兴市王店中学工作，2000 年调任嘉兴高级中学任教至今。曾获得浙江省优秀中学体育教师、浙江省第二届聋人运动会体育道德风尚

奖、嘉兴市学科教学带头人、嘉兴赛区优秀教练员、嘉兴市青少年校园足球活动先进工作者等荣誉。现任嘉兴市中小学生体育协会秘书长，龙舟一级裁判、篮球一级裁判、田径国家级裁判，多次担任洲际、全国、省、市、区级各类比赛裁判工作，担任第 19 届杭州亚运会和第 4 届杭州亚残运会田径项目技术官员。

从教三十年来，始终牢记人民教师"教书育人"的光荣使命，始终严格要求自己，兢兢业业工作。没有豪言壮语，没有惊人之举，只是在平凡的岗位上，倾注着全部心血，做着平凡的工作，多年来，用自己的丹心换真情，谱写着平凡而灿烂的人生。

三十年来，忠诚党的教育事业，爱岗敬业，为人师表，以身作则。一直坚持在教学一线工作，兢兢业业，任劳任怨，赢得广大师生的尊敬。矢志教学改革，求实创新，敢于拼搏，勇于奉献，团结协作，凭着强烈的事业心和严谨的治学态度，辛勤从教，取得了一定成绩。

我始终认为，一名优秀的体育教师至少要在课堂教学、教学科研、业余训练等方面有所作为。三十年来，我也一直以此标准严格要求自己。为此，我不断学习教育教学方面理论知识，抓住每次外出的学习机会，博采众家之长，并不断总结、反思、感悟，从中汲取精华，提高自我。课堂教学力求"自主、合作、探究"。注重教材分析，努力把握、挖掘教材中素质教育的内涵；研究每个学生的个性及学习情况，因材施教，力求让学生全面发展。在我的体育课堂中，以学生发展为中心的教学理念贯穿始终，通过多种练习方法，不断提高学生的运动技术水平和身体素质，培养其主动参与意识和团结协作、勇敢顽强、机智果断、坚忍不拔的优良品质及发现问题、勇于克服的精神，激发学习的兴趣，培植自信心，提高自律性、主动性和群体意识，树立协作、竞争的观念，让学生达到自我锻炼、增强身体素质的目的，让每位学生在原来的基础上有所提高，最终使学生在高中阶段能掌握一至两项自己喜欢的运动，为培养终身体育锻炼的观念和习惯打下扎实基础。同时在教学中加强学校体育活动中的安全教育，做到无伤害事故发生。曾多次代表学校、嘉兴市属高中、嘉兴市参加全国、省、市级课堂教学评比。2005年获嘉兴市中学体育优质课评比高中组一等奖，2006年获浙江省体育学科课堂教学评比二等奖，2010年获第四届全国中小学体育教学观摩展示活动优秀体育课自选内容录像课省级评比三等奖，2011年获省中小学体育教师基本功选拔展示活动一等奖、第一届浙江省中小学体育教师教学技能比赛中学组三等奖，2017年获嘉兴市中小学"优课"评比高中体育组一等奖，2020年获嘉兴市属高中体育与健康教学评比活动体育术科十项基本功系列比赛一等奖、队列队形系列团体比赛一等奖、广播操系列团体比赛二等奖。

没有科研的教学肯定不是高质量的教学。参加工作以来，在努力做好教学、训练工作的同时，我不断学习以提高自我，完成了上海师范大学教育科学学院课程与教学论专业研究生课程进修班的学习，订阅学校体育、体育教育教学类杂志，用心参加省、市、学校的各项教研活动，不断丰富专业知识，积极参加教改，定期进行总结，交流教学经验。2001年借助新课程改革之机，带领全组教师推出"基础＋选修"体育课堂教学模式，经过几年的探索，已成为嘉兴市高中体育课堂教学的样板模式。积极撰写教育教学论文、参与校本课程开发。制订切实可行的课题研究计划和研究方案，并有目的、有方法、有步骤地开展研究，及时总结、交流和推广研究成果，努力做研究型教师。至今共有14篇论文、案例在市级以上获奖或在市级以上杂志发表，其中论文《"基础＋选修"高中体育课堂教学模式的实践与思考》在《嘉兴教育》2004年第 6、7 期发表、论文《新课标下高中"体育与健康"课程模块设置探析》在《体育教学》2008 年第 10 期发表、论文《关于"基础 + 选修"高中体育课堂教学改革的实践与研究》获第三届中国学校体育科学大会优秀论文二等奖、论文《高中体育与健康模块教学学分制评价方法探析》获 2016 年嘉兴市教学研究（论文）项目评比一等奖、校本选修课程"篮球竞赛规则与裁判法"获 2013 年嘉兴市普通高中选修课程评比三等奖。先后主持、参与市级以上课题研究 8 项：2003 年主持研究市级课题"'基础 + 选修'体育课堂教学模式研究"，该课题被评为 2005 年嘉兴市第四届教育科学优秀研究成果二等奖；2008 年主持研究浙江省教研课题"高中体育与健康选学模块个性化课程设置的实践研究"，于 2010 年 1 月结题；主持研究嘉兴市 2011 年度规划课题"嘉兴市本级高中体操模块教学现状调查与研究"，于 2012 年 10 月结题；主持研究嘉兴市属级 2012 年度规划课题"嘉兴市普高'体育与健康'必修模块教学现状调查与对策研究"，于 2013 年 11 月结题。

在进行课堂常规教学的同时，我还负责校运动队的训练，先后带训田径队、举重队、篮球队、足球队等。每一时期，我都能针对学校的实际状况，对学生们进行深入研究，对症下药，构筑了一套适合我校学生的训练方法，取得了理想效果，也得到了校领导的肯定。带训校女子篮球队六年获得五次市属冠军，带训校男子足球队获得 ZSFL 浙江省第二届中小学生校园足球联赛高中男子组总决赛第七名，带训校女子足球队始终保持嘉兴市青少年校园足球联赛高中女子组前三名。多次获得嘉兴赛区"优秀教练员"、嘉兴市青少年"校园足球活动先进工作者"。

担任学校体育教研组长二十余年，制订和完善了学校体育教育的各项规章制度，如《早锻炼、课间操管理办法条例》《早锻炼、课间操评分标准》《嘉兴高级中学场地、器材管理办法条例》《嘉兴高级中学课外活动体育器材出借管理办法》《嘉兴高级中学学生自备体育器材管理办法条例》《嘉兴高级中学学生运动安全管理条例》《嘉兴高级中学体育社团活动管理办法》等，使早锻炼、课间操、课外活动等学校体育工作程序化、规范化、标准化。为丰富校园文化生活，建立健全了具有嘉高特色的多项校级联赛制度，每个联赛都是在体育组老师的指导下，由学生会体育部自行组织，赛程安排、场地器材、裁判工作等都由学生负责，不仅提高了学生的身体素质与竞技水平，更为学生打造了展示自己的舞台。新冠肺炎疫情期间，组织组内教师线上教学、拍摄体能练习视频等，为了雨雪天也能让学生进行课间锻炼，创编了嘉兴高级中学室内课间操。学校男女足球队、男女篮球队、乒乓球队、啦啦操队、田径队常年进行业余训练。正是在体育组全体教师的努力下，学校先后被评为"全国青少年校园足球特色学校""全国青少年校园足球特色学校"。

我在业余时间还学习了多项体育竞赛规则与裁判法，先后考取龙舟一级裁判、篮球一级裁判、田径国家级裁判，多次担任洲际、全国、省、市、区级各类比赛裁判工作，接下来将担任第19届杭州亚运会和第4届亚残运会田径项目技术官员。目前担任嘉兴市中小学生体育协会秘书长，为嘉兴市中小学生各类体育竞赛组织工作建言献策。

嘉高给予了我体现人生价值的最佳平台，我从中收获满满，也将继续勤勤恳恳做事、踏踏实实做人。作为一名基层教育工作者，我始终牢记自己的光荣使命，为了教育事业，我将无怨无悔，爱洒操场，倾情体育！

2022 年 6 月 10 日

我在嘉高"兼职"的那些事

■ 计东平

个人简介

计东平，2000 年毕业于浙江师范大学数理信息学院计算机教育专业，毕业至今在嘉兴高级中学担任技术学科教师，并兼任电教方面的工作，2018 年开始承担班主任工作。在工作期间，从不拈轻怕重、挑三拣四，具有较强的责任感和工作主动性，用心用力完成学校安排的各项工作。同时在工作过程中不断提升自己的专业水平，在站稳课堂的同时也能适应不断发展的技术水平，在学校教育信息化的过程中发挥自己应有的作用。多次在"嘉兴市教师学科素养测试"中获得一等奖，获得过校十佳班主任、校年度先进工作者等称号。

21 世纪之初，我从师范大学毕业，来到嘉高担任信息技术老师，从此与"兼职"有了不解之缘。2000 年，教育信息化才刚刚起步。之后的 20 来年，伴随着信息技术的飞速发展，信息技术也在教育教学中发挥着越来越重要的作用，学校中的信息设备越来越多，日常教学工作也越来越离不开信息技术。嘉高也不例外，这也让我作为信息技术老师在本职工作以外有了很多"兼职"的体验。

我到嘉高的第一份"兼职"，可能从某种意义上不能算"兼职"，做的还是本职工作，即上课，只是教授的对象不是学生，而是学校的其他教师。2000 年的时候，电脑已经不算是特别金贵的东西，但普及率与现在相比还是有天壤之别的，大部分老师特别是老教师的信息技术应用水平非常有限。为了适应教育信息化的发展，老师们必须通过《教师信息技术等级测试》。学校就安排老师们利用晚上的时间到机房学习相关知识，我们信息技术老师就成了"兼职"辅导老师。学习的内容比较简单，主要是 Word、IE 浏览器、outlook 等常规软件的使用，但大部分老师是真的"零基础"，连鼠标都不太会用，键盘上的每个键的位置都需要去找半天。经过几次培训之后，我深切感受到了嘉高教师团队的优秀，因为每位老师都学得非常认真，喜欢钻研，基础差的就一遍一遍地练习，遇到问题就相互讨论交流，并拉着我们技术老师给他们讲解、演示。培训结束时，每一位老师都能做到熟练使用电脑，也全部通过了水平测试，拿到了相应的证书。

我的第二份兼职是"管理员"，这份"兼职"也贯穿了我整个职业生涯。说是一份"兼职"，其实在各个阶段的内容都不太一样的，大部分时间我还同时兼任几个"管理员"。首先是"机房管理员",从参加工作至今一直都需要我们信息教师管理维护学校的计算机机房。嘉高的第一个机房配置的是兼容机,还安装了用于机房学生机控制的板卡,故障率比较高,需要我们信息教师隔三差五地维修电脑,特别是机房在使用3年后,基本上需要我们每天检修机房,否则无法满足正常的教学要求。给我印象最深的是2002年,我们将机房从教学楼迁至新落成的科技楼,由于在拆装、搬运过程中的震动,很多部件都出现接触不良的情况,导致过半机器都不能正常开机。虽然天气炎热,机器内灰尘较多,但我们几位信息教师依然把机房门关起来,光着膀子维修了整整一天,才将所有机器都调试到正常。

我的第二份管理员工作是"课件制作室管理员"。我参加工作的前几年,学校还没有给每位教师配备个人电脑,而计算机辅助教学是当时的热门课题,老师们出去比赛,或是上公开课,或是上需要动画演示的教学内容时,都必须制作上课的课件,所以学校就专门开辟了一间办公室,配置了十几台电脑,作为老师们制作课件用的课件制作室。作为管理员,除了要保证制作室内所有电脑的正常运作外,还需要帮助老师们解决在课件制作过程中遇到的技术难题。优秀的嘉高教师团队从来都是走在教育改革的最前端的,他们乐于接受新的事物,每天来课件制作室的老师很多。只要有市里省里的相关比赛,他们都踊跃参加,愿意花时间去准备。当时制作课件主要用两种软件,一是PPT,二是Authorware。PPT制作的课件一般用于日常教学,去参加课件比赛一般很难获奖,但Authorware软件的技术门槛较高,大部分普通教师都不太会用，所以当老师们需要去参加比赛时，一般会求助我们信息技术老师。我记得朱文标老师要去参加省里的语文课件比赛，他来求助我，说了想法、要求，我用 Authorware 帮他制作，从素材收集、录音、制作、修改、美化，两个人在课件制作室里忙了几天，最终，朱老师的课件在省里获了奖。之后，学校又配备了打印室，我又成了"打印室管理员"，保证电脑和打印机的正常运作，还负责给打印机墨盒加墨。

我的第三份兼职是"修理工"，凡是与电教有关的设备都需要我们信息教师维护，一旦设备发生故障，不能正常工作，我们就要想方设法把它维修好。学校给每位教师配备好个人电脑后的那段时间，是我们信息技术老师"业务"最繁忙的，每天都会有很多老师向我们求助。但是跑去一看，大部分情况都让我们啼笑皆非，有时我们只需要帮老师们按个电源键，或者插个电源插座就可以解决问题。"计老师，我的电脑网络不通了"，这也是我们经常遇到的问题，然后一检查，就发现网络没问题，只是老师输错了网址，或者有些网站已经停止提供服务了。还有一段时间，老师们在使用电脑过程中会给浏览器安装很多插件，有些老师的浏览器上的工具条甚至占了电脑屏幕的一半。而教师个人电脑的更换周期一般是五到六年，到最后这两年，收到最多的求助信息是"计老师，我的电脑速度太慢了，动都动不了"。然后，我们的工作经常是帮助老师们卸载很多无用的软件和插件，清理缓存，清理桌面，把数据从 C 盘移到其他盘中，查杀病毒木马。除了维修电脑之外，我们还维修过背投电视，当时学校给每个教室都配备了多媒体教学系统，用大尺寸背投作为显示设备，但是由于教室粉尘较大，背投在使用一段时间之后就会出现故障，而厂家维修人员每隔一段时间才会来一次，给教学带来很多不便，而且维修费用还比较高。为了及时维修背投的故障，不影响正常教学，我们信息老师经常全程观摩维修人员的维修过程，后来大部分背投的故障都是我们信息老师自己处理的，只是因为工具的不专业，我们两位信息老师维修一台背投电视大概需要 20 分钟时间，要将核心部件拆下来清理，需要拆装 30 多个螺丝。

我的第四份兼职是"司铃员"，从 2002 年开始，学校的校园音响系统就是由我管理和维护的。主要的工作就是保证校园音响系统的正常工作，然后每隔两周更换课间音乐，调整临时作息时间，当然最重要的是保证各级考试的顺利进行。每年两次的英语高考听力播放是这项工作中最让人紧张的时刻，在校领导的关心和组织下，准备工作都做得非常充分，包括至少两次的听力试听及 ups、教室音箱的多次测试。每次考前，校长都会叮嘱，把工作做得再仔细一点，看看还有没有什么问题需要解决。在校领导务实责任的精神引领下，在 20 年"司铃员"工作中，我没有出现任何事故，顺利完成了每一次考试工作；这也增强了我的责任意识，让我在其他工作中也受益匪浅。让我印象最深刻的一次是，2016 年 10 月的英语及 7 选 3 首考，考试的第一天晚上，女儿比预产期提前一个月出生，我在产房门口守了整整一晚上，早上 7 点左右护士将女儿抱出产房，我匆匆看了一眼后，就直接到学校参加考务工作，身体非常疲劳，我向领导说明情况后，领导让我放心做好工作，然后全程在我身后提醒我注意各个重要的时间节点，让我顺利完成当天的"司铃员"工作。

　　除了上述的几个兼职外，我还兼职了"班主任"，兼职了"备课组长"。

　　由于信息技术老师的特殊性，让我有机会在教学工作之外体验了很多不同的角色，见证了嘉高的发展，见证了信息技术的发展。嘉高还在发展，技术也日新月异，只要学校需要，我还会去学习，去体验，去兼任更多的职位。

2022 年 6 月 22 日

嘉高的机器人项目

■ 胡元旭

个人简介

胡元旭，1999 年 7 月毕业于东北师范大学化学教育专业，任教于嘉兴高级中学。2005 年以来，坚持利用业余时间、以社团形式引导学生开展科技创新与综合实践活动，积极辅导学生参加机器人项目竞赛，连续多次获得省、市一等奖。2009 年辅导学生在中国青少年机器人竞赛中获得全国一等奖。2020 年，指导的学生研究成果获浙江省青少年科技创新大赛一等奖，科技实践活动方案也被评为省一等奖，还参加了全国青少年科技创新大赛科技辅导员创新项目线上交流活动。多次被评为嘉兴市、浙江省优秀辅导员和优秀指导老师。

　　嘉高的校训是"真"，也就是要激励嘉高人努力树立探求规律的精神，鼓励嘉高人要有探究未知的行动；嘉高的校训孕育了嘉高的教育理念："嘉木扬长，高德归真"，也就是希望嘉高人德才兼备，品德高尚，特长突出，具有创新意识，陶冶创意品质，在创新中自主发展。

　　嘉高办学二十多年来，嘉高人的创意在成长。从 2005 年至今的学生研究性学习成果展评连续获得浙江省一等奖，全国机器人大赛的青少年组一等奖，到 2016 年学生研究成果获 16 项国家实用专利（另有一批成果正在申报）；从学生科技社团的活动，到 2016 年组队代表浙江省高中学校赴东南大学科学营；从教科书的教学，到校本创新课程和创新实验室的探究；一路走来，嘉高人努力在追求创意，积极培养创意品质，嘉高在逐渐形成自己"创新自主发展"的教育风格。

　　期间，我在嘉高担任科技辅导员工作，见证并参与了嘉高的科技创意教学。从开放学校的实验室开始，学生课余时间可以到实验室进行实验探究活动，我就带领学生进行化学实验方法改进及装置设计方面的探究，如相似相溶原理实验探究、"黑面包"实验操作方法探究、叶脉书签的制作方法探究、固体酒精的制作探究、肥皂的制作探究等一系列带探究性质的实验，以及火山爆发、深水炸弹、魔棒点火、燃糖成蛇、大象牙膏、海底花园等一系列趣味小实验。化学是一门以实验为基础的学科，让学生多进实验室接触化学实验，一方面可以培养学生对化学的兴趣甚至热爱，更重要的是在引导学生进行实验设计，在操作过程中更好地培养和提高学生的科学素养和创新意识。

　　特别是随着浙江省教育改革的推进，学校开设研究性学习活动课程

（就是现在的综合实践活动），学生每周都有固定的时间去进行调查研究、实验探究、设计制作等实践活动，省、市教研室每年都会举办学生研究性学习活动成果展评。在这样的形势下，我重点指导的机器人实验室的项目，也越来越得到学校的支持。

2003 年，嘉高开始机器人教学活动，从那时起我便与机器人教学活动结下了不解之缘，从起步阶段的摸着石头过河，经过三年的探索积累，通过师生的踏实努力，从 2006 年开始我校学生在青少年电脑机器人竞赛表现突出，连续 6 年获得浙江省一等奖，其中 4 次斩获浙江省第 1 名，连续 3 年代表浙江省参加全国青少年机器人竞赛。

2009 年暑期，我校张国栋、吴骏杰两位同学代表浙江省高中组前往青海西宁参加第九届中国青少年机器人竞赛。拿到全国赛资格，需要经过市级、省级竞赛选拔，张国栋在 2008 年嘉兴市青少年电脑机器人秋季赛和第七届浙江省青少年电脑机器人竞赛中，都与其队友紧密合

作，快速搭建机器人模型、编写程序控制机器人完成规定任务，最终都是以第 1 名的成绩出线。2009 年暑假，别的同学都放假回家了，张国栋和吴俊杰为参加国赛做准备，每天都要到学校来研究比赛项目，反复训练、反复调试，做好热身，做足准备。当时，徐新泉校长担心天气炎热，还特地让我们把训练场地搬到一个有空调的教室里面。那时候的条件，教室基本都是没有安装空调的，那个教室是教务或者培训的专用教室，所以条件相对要好一些。有校领导如此细致的关心和支持，我们师生干劲更足。

备赛过程中，我与两位学生仔细研究竞赛规则，合理拆解项目任务。张国栋与吴骏杰分工合作，训练磨合配合默契度，一个主要负责硬件部分，一个负责软件编程，共同完成任务调试，遇到问题合作解决，直至顺利完成竞赛任务。指导老师在训练过程，根据竞赛现场实际情况合理编排问题场景，给学生设置各种问题障碍及突发情况，训练学生真实情境问题解决能力，并引导学生从更细微的角度去观察和分析问题，培养学生的应变综合能力。通过近半个月的辛勤付出，事实证明收到了成效。在全国赛现场，项目竞赛限定的 2 个小时里面，学生确实遇到了难题，当时国赛项目组的命题老师是大学里的专家，命题角度有点"刁钻"。赛后我们跟这位教授当面聊过，他跟我们说，他是按高考的标准来对待这个竞赛的，有难度，要综合考查学生思维和能力。所以，就造成当时全国高中、初中、小学各 30 多支代表队，仅有一队顺利完成任务，获得高分，有的参赛队最终得分甚至是负分（一个任务没完成，还操作违规扣分）。由此可以想象，张国栋和吴骏杰两位同学当时在比赛现场面对的压力有多大。在学校训练的时候，我们练习的是能够完成项目任务的；而这时，需要他们的应变能力了。比赛结束，他们俩出来跟我说，他们在比赛现场调试的时候，发现大家都是这个情况，有些任务很难完成，没想到是命题专家路线规划上面设置的障碍。然后，他们注意到香港代表队的学生，把机器人上面搭载的一些机械结构，如机械臂什么的都拆掉了，只编程控制机器人去跑路线拿得分点分数，放弃了任务点奖励分数。看到这个，他们马上反应过来：他们也可以进行比赛策略调整，不再追求按顺序全部完成项目任务，只要能多拿任务得分就OK。就是基于这样的临场反应和策略调整，最终他们迅速沟通、快速调整、稳扎稳打、紧密配合，张国栋立刻进行控制程序修改，吴骏杰程序下载到机器人上后，马上拿到场地上去调试，通过这样有效的沟通、高效的配合，最终他们以第 2 名（亚军）的成绩获得了全国一等奖。此次国赛经历，更加使我确信在实践过程中让学生经历更多的锻炼，才能让学生拥有更多解决实际问题的能力，"今天走过所有的弯路，从此人生尽是坦途"。张国栋同学后来通过招飞去了空军航空大学，到大学后，得知他曾经获得机器人竞赛全国一等奖，他们学校领导专门找了他，让他负责学生机器人俱乐部，以拓展军人的科技素养。后来，张国栋成为了一名真正的空军飞行员，并荣立个人三等功。

"超级 RBA 机器人的设计与制作"课题源自机器人竞赛的一个比赛项目，我带领学生针对比赛设定任务展开研究，任务要求设计两台机器人（传球机器人和投篮机器人），要求传球机器人能容纳 10 个乒乓球并一个一个传给投篮机器人，最终在 120 秒时完成 10 个投篮，全中即满分（最终我们学校的两个参赛队都做到了，当时在比赛现场引起了轰动）。接到这个机器人竞赛任务的时候，我们学校的机器人活动刚刚从兴趣小组发展为社团活动，第一任社长林斓熙同学跟另外几名同学成立了项目小组展开研究。通过小组讨论，逐渐形成初步解决方案及设计思路，然后针对关键环节抛球机构的设计展开了重点攻关。利用积木式结构件搭建模型进行测试，发现存在缺陷及不足之处，及时进行纠正并改进设计，通过"任务解析—设计思路—模型制作—效果测试—问题分析—改进设计—制作完善"反复进行"设计—制作—测试"并实现螺旋上升，提高了学生的设计能力及观察、分析、解决实际问题的能力。储球装置及行走装置的某些部件，因为学校不具备材料设备及加工条件，我帮着学生到校外联系有材料设备条件的加工点，让师傅按照我们的设计图纸选取合适材料（如白铁皮、亚克力）进行加工制作。当时，学校还没有专用的机器人实验室，我和几位学生挤在一个条件简陋的小房间里，把构建机器人的一个个部件设计、制作出来，并进行组装、测试。毕竟我们学生的主业是学科学习，不可能有太多的时间泡在实验室里，他们都是牺牲了自己的课余休息时间。作为他们的老师，看到他们踏实肯干还那么用心，就想着，一些重复的设计测试环节及外出加工部件，能替他们分担一些的就由我来帮着做吧。记得那是一个周末，学校里空荡荡，师生都已于周五下午离校。上午我就早早地来到学校，完成机器人几个关键部件的测试及定型工作。一整天的时间里，反复测试、修正图纸数据，然后外出到白铁加工作坊让师傅帮着加工成型。然后，把加工好的部件带回学校进行组装、测试。测试过程中发现仍存在其他问题，反复测试、仔细观察，直至分析出其中原因，然后马上进行设计上的改进，修正加工图纸，再次跑出去找师傅帮忙加工。这一天就这样来回反复跑了两三趟，有一次还遇上阵雨天气，骑个电动自行车没带雨披，回来路上被淋成了落汤鸡。我联系的这家位于东升路上的白铁加工作坊，师傅是江苏人，一家三口开的加工店，父子俩知道我是学校的老师，帮学生加工东西，明知赚不了多少钱且做起来麻烦，还是极有耐心地配合我并尽量把部件做得规整、好看、耐用，而且我为了表示感谢想多付点辛苦费给他们，他们都要推回来。他们对我们学校教育事业的支持，一点一滴我都记在心里。或许，人与人之间的信任与互助，就是建立在某种尊重之上的。他们看到我这样不辞辛苦地为学生付出，也就心甘情愿帮我们做点力所能及的事情。而他们的这种真心配合与帮助，又更加鼓舞了我的干劲。这一整天，我甚至都顾不上吃饭，到晚上近12点，保安来催，说要锁门了，我才离开学校，顺便去外面吃了点东西。晚上躺床上，脑子里想着的都是方案设计，尽可能把方方面面的细节都考虑到位，争取第二天把整套方案完善好，这样学生下周就可以拿到全部部件，组装出两台机器人，然后进入下一环节进行程序编写和调试了。投入一件事情真就到了废寝忘食，专注到脑子根本停不下来的一种状态。这种状态下，做事的效率是极高的，但仅限于某一特殊阶段，要总是这样，人的身心都会垮掉。所以，这样的阶段那种主动积极行事、有效专注忘我的状态，令人记忆深刻，是一种可以感动自己的温馨片段，想起一句话"坚持到感动自己，拼搏到无能为力"，这或许是某种情怀或动力在支撑着。这么多年一直坚持着指导学生进行科技创新实践

293

活动，坚持与感动的片段反复上演着，有了在困难面前的坚持与努力，就有了获得成功或做出选择时的感动。

记得有一年，我带着戴家骏等4名学生，参加机器人竞赛"登月采矿"综合技能项目。因为学校现有装备条件有限，两个参赛小组分别使用两个厂家套件，各自设计并组装两台机器人（运载机器人、采矿机器人），并进行编程调试，控制机器人完成竞赛设定任务。在备赛阶段，我们付出了很多的努力，设计了相对巧妙的机构，也让校外的加工作坊协助进行部件定型制作，最终还算顺利，已经能够达成目标完成任务。但是参加嘉兴市赛的前一天晚上，戴家骏同学突然跟我提出了一个想法，能够大大优化我们的方案。本来4台机器人我们需要4套控制程序，戴家骏同学提出的是运载机器人用一个厂家的控制器，采矿机器人用另一厂家的，经这样打乱混搭以后，控制程序就由4套减为2套，在比赛现场会大大提高调试效率，毕竟机器人现场赛并不限制参赛队伍学生之间的互助共享行为，科技实践活动除了注重学生个人能力，同时也提倡和鼓励团队意识、合作精神。因为第二天就要去嘉兴科技馆参加比赛了，赛前一般讲究熟练掌握和稳定发挥，这个时候去修改比赛方案，需要考虑多重影响因素，但是参赛学生们在了解情况和分析利弊以后，选择是明确的——马上进行方案修改和重组，意志是坚定的——不改完不睡觉。就这样，我们在教学楼2楼的那个条件简陋的小房间，熬到了深夜2点多，终于修改完成并测试通过。第二天，他们在比赛中表现优异，完成了前一年机器人国赛没有任何一支参赛队能够完成的任务，拿到了一等奖并获得了省赛资格，我记得《南湖晚报》的记者当时拍到了我们的学生在现场非常认真细致地操作测试的身影。就是通过这样一点点的坚持不懈与努力尝试，我们的学生在机器人竞赛"超级 RBA 投篮"综合技能项目中，两个参赛队双双以满分的成绩获得了浙江省并列第一名的成绩。后来，他们把赛前准备阶段的资料进行了收集整理并撰写出研究报告，参加了浙江省高中学生研究性学习活动成果展评，获得了一等奖。浙江省教研室还把他们的项目成果推荐参加浙江省青少年科技创新大赛，获得了二等奖。高中阶段在一个项目上的真实参与、踏实肯干、努力付出、坚持不懈，最终让他们斩获了 3 个省级竞赛及评比活动的大奖。

嘉兴市高中学生综合实践活动成果展评多年以来形成了一个传统，要求学生到现场进行项目成果的展示讲解，时间安排在 5 月下旬到 6 月上旬。那一年，我带的 3 个项目，一个是设计制作（超级 RBA 机器人的设计与制作），一个是化学实验研究（钠在空气中燃烧的实验改进及装置设计），一个是生物实验研究（果酒与果醋的发酵及装置设计），都要参加 5 月份的展评活动。4 月底前，各项目小组的结题材料都已经完成，开始制作展示课件（PPT）。恰逢五一放假三天，我老家的几个表弟带着家人一起来嘉兴周边游玩，我为了赶进度，帮学生们把项目的亮点以直观且独特的方式呈现出来，所以要进行语言上面的组织、提炼，原理演示要补充一些示意图。所以，我只能充分利用好这三天假期，白天偶尔陪一下亲人们，主要是陪吃饭，带领游玩的事情交托给爱人，晚上天天都是熬到大半夜了。最终这三个项目小组非常出息，在市本级的展示活动中分别拿下了第 1、2、3 名。

　　徐新泉老校长对科技创新教学非常重视，设立了科技创新教研组，并任命我担任科技创新教研组组长，拨款建设了"机器人实验室"；10多年来，我也一直坚持指导着机器人项目，老的学生毕业了，又招了新的学生，一批又一批，成果也频频传来喜讯。

　　徐新泉老校长在《积极培养嘉高人的创意品质》一文中说，嘉高人要有更多更优秀的创意，需要嘉高人具有创意的品质。一是要有好奇心和兴趣，好奇心是科学研究的驱动力，是创新人才最重要的素质，因此我们要观察丰富多彩的自然现象，亲手做实验。二是需要直觉和洞察

力，培养学生创新能力的一个要素就是让学生通过学到的知识逐步形成自己最爱好的直觉，爱因斯坦能够取得如此大的成功，原因之一就是他在很年轻时就懂得直觉的重要，选择了他具有最好直觉的领域——物理学，故而能找到一个具有重大意义、取得突破的条件已成熟、可以大发展的课题方向，因此这些素质是创新能力成长中最重要的问题，最好的办法是自己在实践和浓厚的创新气氛中"悟"出来。三是需要勤奋刻苦和集中注意力，华罗庚说天才出于勤奋，聪明在于积累，勤奋刻苦必须以身体条件和能集中注意力为前提，注意力集中的程度决定着思维的深度和广度。四是要努力涵养高尚人文素养，有志在各领域成大器的人才必须具备一些基本的人文素质，"海纳百川，有容乃大"，保持自己的风格和特点的同时，相互学习、鼓励、支持，因为能不断获得新思想，同时也能有"团队精神"；同时要有自信心，创新在初期往往难以被人理解，有自信心的人才能不怕风险，勇于创新，才能领风气之先；反之，缺乏自信心，就只能去跟潮流。因此，在嘉高机器人项目指导上，只要学生感兴趣，我愿意这样陪着我的学生一起学习探究，在他们的机器人爱好之路上，给他们点亮一盏指路明灯，这应该就是我作为一位教师、作为一名科技辅导员最大成就所在吧！

我将一如既往地努力培养嘉高人的创意品质！

附：机器人社团历年参赛及获奖记载

2004年10月（嘉兴科技馆）组织学生参加科协机器人接力赛项目。

2005年5月（嘉兴市实验小学）组织学生参加电教机器人灭火搜救项目。

2006年12月（台州临海，台州初级中学）第五届浙江省青少年电脑机器人竞赛：高中组竞技项目"搜索搬运"，沈海华、陶春雷获浙江省一等奖。

2007年5月嘉兴市第四届中小学电脑机器人比赛：中学组足球射门项目，沈海华、陶春雷、蔡亚伟、宋亚悦获嘉兴市一等奖。

2007年12月（宁波余姚，余姚实验中学）第六届浙江省青少年电脑机器人竞赛：高中组常规赛"登月采矿"，陶春雷、沈海华获浙江省一等奖。

2008年12月（浙江绍兴）第七届浙江省青少年电脑机器人竞赛：高中组竞技项目"机器人投篮"，杨涛、谢佳军、张国栋、沈钱斌获浙江省一等奖。

2009年8月（青海西宁，青海民族大学）第九届中国青少年机器人竞赛：基本技能比赛"重建家园"，张国栋、吴骏杰获全国一等奖。

2010 年 7 月（中国北京，北京工业大学体育馆）第十届中国青少年机器人竞赛：基本技能比赛"世博志愿者"，杨起帆、袁超逸获全国三等奖。

2010 年 12 月（浙江诸暨）第八届浙江省青少年电脑机器人竞赛：高中竞技项目"RBA 机器人投球"，杨起帆、袁超逸、忻鼎晨、邬黎明获浙江省一等奖。

2011 年 7 月（河南郑州，郑州七中）第十一届中国青少年机器人竞赛：基本技能比赛"欢乐运动会"，袁超逸、忻鼎晨获全国三等奖。

2011 年 10 月（嘉兴科技馆）嘉兴市青少年机器人秋季赛：高中单项竞技，忻鼎晨、钱佳荣、林斓熙、殷旻杰获嘉兴市一等奖；虚拟机器人比赛，赵洪良、沈文韬、陈家栋、徐伟获嘉兴市一等奖。

2011 年 12 月（宁波北仑）第九届浙江省青少年电脑机器人竞赛：高中竞技项目"机器人精准投篮"，顾涛、殷旻杰获浙江省二等奖；高中虚拟机器人项目，赵洪良、徐伟获浙江省二等奖。

2012 年 5 月（嘉兴高中园区图书馆）嘉兴市第九届中小学电脑机器人比赛：高中命题比赛，沈文韬、殷旻杰获嘉兴市一等奖。

2012 年 10 月（嘉兴科技馆）嘉兴市青少年机器人秋季赛：虚拟机器人比赛，钱哲琦、王胜杰获嘉兴市一等奖，李安南、宋天鉴获嘉兴市二等奖。

2012 年 12 月（浙江丽水）第十届浙江省青少年机器人竞赛：高中虚拟机器人项目，钱哲琦、王胜杰获浙江省二等奖。

2013 年 5 月（嘉兴高中园区图书馆）嘉兴市第十届中小学电脑机

器人比赛：高中命题比赛"神舟飞船对接天宫一号"，李安南、宋天鉴获嘉兴市一等奖。

2013 年 11 月（嘉善县第二实验小学）嘉兴市青少年电脑机器人秋季比赛：机器人足球赛，刘宇骁、张毅雄获嘉兴市一等奖。

2013 年 12 月（浙江嘉善，嘉善县第二实验小学）第十一届浙江省青少年机器人竞赛：综合技能赛"飞天圆梦"，李安南、宋天鉴获浙江省一等奖；机器人足球赛，刘宇骁、张毅雄获浙江省三等奖；虚拟机器人竞赛，邬嘉岳、胡健华获浙江省三等奖。

2014 年 5 月（嘉兴高中园区图书馆）嘉兴市第十一届中小学电脑机器人比赛：虚拟机器人比赛（汽车总动员高中组，萝卜圈仿真软件），邬嘉岳、胡健华、马浩东获嘉兴市二等奖。

2014 年 6 月（杭州市源清中学）第十一届全省中小学生智能机器人比赛：虚拟机器人比赛（汽车总动员高中组，萝卜圈仿真软件），邬嘉岳获浙江省三等奖。

2014 年 12 月（嘉兴科技馆）嘉兴市青少年电脑机器人秋季赛：高中综合技能比赛，邬嘉岳、郁景涵获嘉兴市一等奖，胡健华、周章轶获嘉兴市二等奖；机器人足球赛，孙宇强、张佳锋获嘉兴市一等奖；虚拟机器人竞赛，朱丰获嘉兴市一等奖，龚力恺获嘉兴市二等奖。

2014 年 12 月 12—14 日（仙居县第二中学）第 12 届浙江省青少年电脑机器人竞赛：综合技能赛"五水共治"，邬嘉岳、郁景涵获浙江省一等奖；机器人足球赛，胡健华、龚力恺获浙江省一等奖；虚拟机器人竞赛，朱丰获浙江省二等奖。

2015 年 5 月（嘉兴高中园区图书馆）嘉兴市第十二届中小学电脑机器人比赛：虚拟机器人比赛（汽车总动员高中组，萝卜圈仿真软件），孙宇强、程于思、王山获嘉兴市一等奖，朱一涵获嘉兴市三等奖；嘉兴命题赛 RCJ "全民健身"，张佳锋、吴越获嘉兴市一等奖，龚力恺、辛郭翀获嘉兴市二等奖。

2015 年 6 月（台州市青少年活动中心）第十二届全省中小学生智能机器人比赛：虚拟机器人比赛（汽车总动员高中组，萝卜圈仿真软件），孙宇强、程于思、王山获浙江省三等奖。

2015 年 7 月 21—26 日（安徽合肥，合肥一中）"中国移动'和教育'杯"第十六届全国中小学电脑制作活动夏令营机器人竞赛：中鸣 RCJ "全民健身"表演赛，张佳锋、吴越、程于思获全国优秀奖。

2015 年 10 月 21 日（嘉高机器人实验室）首届全国中小学生网络虚拟机器人设计竞赛（初赛）团体特等奖：王山、孙宇强、张佳锋、程于思、邬嘉岳、马博文、辛郭翀、曹浩然、郁景涵、吴越。

2015 年 11 月 21 日（嘉高机器人实验室）首届全国中小学生网络虚拟机器人设计竞赛（决赛）：张佳锋获全国一等奖，马博文、程于思、孙宇强获全国二等奖。

2015 年 12 月（嘉兴科技馆）嘉兴市青少年电脑机器人秋季赛：机器人足球赛，沈非凡、戚智翔获嘉兴市一等奖；虚拟机器人竞赛，马博文、程于思获嘉兴市一等奖，孙佳源、曹浩然获嘉兴市二等奖。

2015 年 12 月（绍兴科技馆）第 13 届浙江省青少年电脑机器人竞赛：机器人足球赛，沈非凡、戚智翔获浙江省二等奖；虚拟机器人竞赛，马博文程于思获浙江省三等奖。

2016 年 5 月（嘉兴高中园区图书馆）嘉兴市第十三届中小学电脑机器人比赛：虚拟机器人比赛（汽车总动员高中组，萝卜圈仿真软件），张佳锋、孙宇强程于思获嘉兴市一等奖，王山获嘉兴市二等奖；嘉兴命题赛 RCJ"全民健身"，吴越、占烨超获嘉兴市一等奖。

2016 年 6 月（台州市青少年活动中心）第十三届全省中小学生智能机器人比赛：虚拟机器人比赛（汽车总动员高中组，萝卜圈仿真软件），张佳锋获浙江省二等奖，孙宇强、程于思获浙江省三等奖。

2016 年 11 月（嘉兴科技馆）嘉兴市青少年电脑机器人秋季赛：机器人足球赛，宋辰伟、叶冰涵获嘉兴市一等奖；虚拟机器人（纳英特）竞赛，曹浩然、孙佳源获嘉兴市一等奖；虚拟机器人（中鸣）竞赛，沈非凡、杨鑫超获嘉兴市一等奖。

2016 年 12 月（绍兴科技馆）第 14 届浙江省青少年电脑机器人竞赛：机器人足球赛（纳英特），宋辰伟、杨鑫超获浙江省三等奖；机器人足球赛（中鸣），孙佳源、叶冰涵获浙江省三等奖；虚拟机器人（纳英特）竞赛，曹浩然获浙江省二等奖，沈非凡获浙江省三等奖。

2017 年 5 月（嘉兴高中园区图书馆）第十四届嘉兴市中小学电脑机器人竞赛：虚拟机器人比赛（汽车总动员高中组，萝卜圈仿真软件），曹浩然、孙佳源、叶冰涵、沈非凡获嘉兴市一等奖。

2017 年 6 月（台州市青少年活动中心，台州中学）第十四届全省中小学生智能机器人比赛：虚拟机器人比赛（汽车总动员高中组，萝卜圈仿真软件）叶冰涵、曹浩然获浙江省一等奖，孙佳源获浙江省二等奖。

2017年10月28日（嘉高机器人实验室）全国中小学生网络虚拟机器人设计竞赛（初赛）：邓博诚（第1名）、戴宇成、邹志豪、徐子彦；2015年11月25日（嘉高机器人实验室）第三届全国中小学生网络虚拟机器人设计竞赛（决赛）：邹志豪获全国二等奖。

2017年11月（嘉兴科技馆）嘉兴市青少年电脑机器人秋季赛：综合技能（中鸣），邓博诚、戴宇成、邹志豪、徐子彦获嘉兴市一等奖；虚拟比赛（中鸣），范费聪获嘉兴市一等奖，吴琪获嘉兴市三等奖。

2018年5月（绍兴科技馆）第15届浙江省青少年电脑机器人竞赛：综合技能（"海洋开发"项目），邓博诚、戴宇成获浙江省一等奖（金牌），邹志豪、徐子彦获浙江省二等奖（银牌）；虚拟比赛（中鸣），吴琪、范费聪浙江省二等奖（银牌）。

2018年10月28日（嘉高机器人实验室）全国中小学生虚拟机器人创新设计与能力测评：范费聪获全国一等奖，吴琪、邹志豪获全国三等奖。

2019年4月（嘉兴市实验小学西校区）嘉兴市青少年电脑机器人竞赛：综合技能赛，徐明昊、林施伽获嘉兴市一等奖，邓博诚、戴宇成获嘉兴市二等奖；虚拟机器人（中鸣）竞赛，吴琪、范费聪获嘉兴市一等奖；虚拟机器人（萝卜圈）竞赛，陆何祎获嘉兴市一等奖，朱沈贝获嘉兴市三等奖。

2019年5月（宁波鄞州中学）第16届浙江省青少年电脑机器人竞赛：综合技能赛，邓博诚、戴宇成、徐明昊、林施伽获浙江省二等奖；

虚拟机器人（中鸣）竞赛，范费聪获浙江省二等奖，吴琪获浙江省三等奖。

2019 年 5 月（嘉善县第二实验小学）第十六届嘉兴市中小学电脑机器人竞赛：虚拟机器人比赛（无人驾驶高中组，萝卜圈仿真软件），陆何祎获嘉兴市一等奖，王泉霖获嘉兴市二等奖，朱沈贝、杨浩嘉兴市三等奖。

2019 年 6 月（嘉兴市青少年宫）第十六届全省中小学生智能机器人比赛：虚拟机器人比赛（无人驾驶高中组，萝卜圈仿真软件），陆何祎获浙江省三等奖。

2019 年 11 月（嘉兴市高中园区图书馆）第十六届嘉兴市中小学生电脑制作创客竞赛：任务挑战项目，陈鑫耀、张鑫宇、项宇轩、凌子豪获嘉兴市二等奖；创意智造项目，陆何祎、陈钰阳获嘉兴市一等奖，史黄浩获嘉兴市二等奖，钱晨洋获嘉兴市三等奖。

2019 年 12 月 19—21 日（诸暨市城新小学）第二十届全省中小学生电脑制作活动创客竞赛暨 2019 年全省中小学生创客大赛：创意智造项目，陆何祎获浙江省一等奖，陈钰阳获浙江省二等奖。

2020 年 10 月（嘉兴市高中园区图书馆）第十七届嘉兴市中小学电脑机器人项目成果展示活动：虚拟机器人比赛（无人驾驶高中组，萝卜圈仿真软件），史黄浩、张鑫宇获嘉兴市一等奖，陈钰阳、包伟业获嘉兴市三等奖。

2020 年 11 月［嘉兴市高中园区图书馆（线上赛）］第二十一届全省中小学电脑制作活动机器人项目成果展示活动（第十七届全省中小学

生智能机器人比赛）：虚拟机器人比赛（无人驾驶高中组，萝卜圈仿真软件），史黄、张鑫宇获浙江省三等奖。

2020 年 12 月（线上评比）第二十一届全省中小学生电脑制作活动创客竞赛：创意智造项目，陈钰阳、史黄浩（自动收叠衣机）获浙江省三等奖；张鑫宇、项宇轩（智能拐杖）获浙江省三等奖；胡一飞、徐昊聪（带电量检测功能的废电池回收箱）获浙江省三等奖。

2020 年 12 月 19 日（嘉兴职业技术学院）嘉兴市青少年无人机大赛（嘉兴市教育局、体育局主办）：虚拟飞控（气球），胡一飞获嘉兴市三等奖（第 6 名）；个人障碍赛（TELLO 无人机），董天怡第 9 名。嘉高被评为"无人机特色学校"。

2021 年 1 月 8 日（嘉兴高级中学）2021RoboCom 全国青少年人工智能编程大赛：水星水源寻找（萝卜圈仿真软件），嘉高荣获"优秀组织奖"；程雨轩、胡一飞、陈睿麒获全国一等奖，徐子俨、庄嘉明、张景轩、徐博文、冷一涛获全国二等奖，戴晨阳、计麟岳、俞颖轩、许奕哲、陶思盈获全国三等奖。

2021 年 4 月 23—24 日（浙江省科技馆）第七届全国青年科普创新实验暨作品大赛（浙江赛区）复赛：智能控制项目，胡一飞、徐昊聪获浙江省二等奖。

2021 年 4 月（嘉兴市实验小学西校区）嘉兴市青少年电脑机器人比赛：萝卜圈虚拟赛"垃圾分类"，冷一涛获嘉兴市一等奖，俞颖轩获嘉兴市二等奖，徐博文获嘉兴市三等奖。

2021 年 5 月（临海市回浦中学）第 17 届浙江省青少年电脑机器人

竞赛：萝卜圈虚拟赛"垃圾分类"冷一涛获浙江省一等奖（第 1 名）。

2021 年 5 月（嘉兴市高中园区图书馆）第十八届嘉兴市中小学电脑机器人项目成果展示活动：萝卜圈虚拟"无人驾驶"，张鑫宇、史黄浩、董天怡、徐子俨获嘉兴市一等奖。

2021 年 5 月（嘉兴市高中园区图书馆）第二十二届全省学生信息素养提升实践活动机器人项目暨第十八届全省中小学生智能机器人比赛成果展示活动：萝卜圈虚拟"无人驾驶"，史黄浩获浙江省一等奖，徐子俨、张鑫宇获浙江省二等奖，董天怡获浙江省三等奖。

2022 年 5 月（嘉兴市高中园区图书馆）第十九届嘉兴市中小学电脑机器人项目成果展示活动：萝卜圈虚拟"无人驾驶"冷一涛、陈睿麒获嘉兴市一等奖，戈晟杰、俞颖轩嘉兴市二等奖。

2022 年 6 月（嘉兴市高中园区图书馆）第二十三届全省学生信息素养提升实践活动机器人项目比赛：虚拟机器人项目（萝卜圈虚拟——无人驾驶），冷一涛获浙江省一等奖，陈睿麒获浙江省二等奖。

2022 年 6 月 24—25 日（浙江省科技馆）第八届全国青年科普创新实验暨作品大赛（浙江赛区）复赛：创意作品单元（智慧社区），许奕哲、刘明（动态二维码智能安防巡检系统的设计与制作）获浙江省一等奖。